NOBILIAIRE

UNIVERSEL

DE FRANCE

PAR

MM. DE SAINT-ALLAIS

DE COURCELLES, L'ABBÉ DE L'ESPINES, DE SAINT-PONS

SUPPLÉMENT

TOME VINGT-ET-UNIÈME

PARIS

Aⁿᵉ LIBRAIRIE BACHELIN-DEFLORENNE

ÉMILE LECAT ET Cⁱᵉ Successeurs

10, BOULEVARD DES CAPUCINES

1878

NOBILIAIRE UNIVERSEL

DE FRANCE

Paris. — Imp. Gauthier-Villars, 55, quai des Grands-Augustins.

NOBILIAIRE

UNIVERSEL

DE FRANCE

PAR

MM. DE SAINT-ALLAIS

DE COURCELLES, L'ABBÉ DE L'ESPINES, DE SAINT-PONS

———

SUPPLÉMENT

———

TOME VINGT-ET-UNIÈME

PARIS

LIBRAIRIE BACHELIN-DEFLORENNE

10, BOULEVARD DES CAPUCINES

—

1877

La réimpression du *Nobiliaire universel de France*, de
M. de Saint-Allais, pour laquelle nous avons fait tant de
sacrifices, a pu être achevée, malgré la crise commerciale et
politique de ces dernières années. Nous avons eu le regret
de ne pouvoir conserver les exemplaires de cet immense
ouvrage qui nous restaient et sur lesquels nous comptions
pour réaliser, avec le temps, le bénéfice de nos soins et de nos
efforts. D'autres que nous récolteront ce que nous avons
semé : les ouvriers de la dernière heure sont toujours les
mieux récompensés. Nous revendiquons toutefois l'honneur
d'avoir exécuté ce livre, à la satisfaction du public éminent
auquel nous nous adressions. Nous avons exactement suivi
notre programme, sauf pour la *Table générale* de TOUTES
LES FAMILLES citées dans le *Nobiliaire universel* (1) que nous
nous proposions de publier, et dont la rédaction est à moitié
faite ; mais cette Table serait si coûteuse à imprimer et de-
vrait se vendre si cher que nous renonçons à la faire paraî-
tre. Il en est de même pour l'*Armorial général* qui devait
suivre notre publication. Nous laisserons à d'autres aussi pas-
sionnés que nous pour les gloires nobiliaires de notre pays le

---

(1) La table générale des *généalogies* termine le tome XX.

soin d'imprimer cette table et de faire graver cet Armorial général, à moins que des circonstances plus propices ne nous permettent un jour de compléter notre œuvre.

En attendant, nous réalisons la promesse que nous avions faite à nos bienveillants souscripteurs, de publier un supplément contenant des continuations de généalogies déjà parues dans l'ouvrage de M. de Saint-Allais. Ce supplément ne sera pas le dernier, nous en avons la conviction ; aussi nous nous tenons à la disposition des familles qui voudront bien nous communiquer les documents authentiques, au moyen desquels nous pourrons publier de nouveaux volumes.

A. Bachelin-Deflorenne

NOBILIAIRE UNIVERSEL

DE FRANCE

FORMANT LES MATÉRIAUX DU

DICTIONNAIRE UNIVERSEL DE LA NOBLESSE

CHARPIN

CETTE famille, citée au *Nobiliaire universel de France*, tomes IV, page 32; XI, page 503, et XX, page 266 (*Liste des chevaliers de Malte et Catalogue des chanoines comtes de Lyon*), est originaire du Forez, mais se trouve également possessionnée dès les temps les plus anciens en Lyonnais, en Auvergne et même dans le haut Languedoc, puisqu'on y trouve, en 1206, un *Durant* Charpin, damoiseau, qui rendit hommage, à cette date, à Arnaud de Chanaleilles, pour ce qu'il possédait à Saint-Maurice et à Saugues.

Sa généalogie a été dressée, sur titres, par le juge d'armes d'Hozier ; elle est accompagnée d'un certificat signé de lui, par lequel il la dit une des plus anciennes et des plus nobles de la province du Forez, toujours attachée au service des rois et alliée aux plus nobles familles. Ce certificat porte la

I *c.*

date du 14 janvier 1785 et se trouve dans les archives du château de Feugerolles.

Le premier de ce nom qui soit connu est *Guichard* Charpin, qui se trouvait à Acre (troisième croisade) au mois de juillet 1191, en qualité d'écuyer de Hugues de Talaru, un des plus puissants chevaliers du Forez et du Lyonnais (*Original aux archives de Feugerolles*).

Mais la filiation non interrompue, prouvée par titres authentiques, conservés soit aux archives de Feugerolles, soit aux archives départementales de la Loire et du Rhône, ou à celles de la ville de Lyon, a commmencé à

Etienne Charpin, vivant vers le milieu du xiii⁰ siècle, et dont le fils, nommé *Jean*, fit promesse d'aveu à Robert comte d'Auvergne, en 1308, pour ce qu'il possédait à Pont-du-Château.

Michel, *Pierre* et *Guillaume* Charpin comparurent aux « monstres » des 8 juillet et 6 novembre 1368, lors des guerres du Dauphiné.

Etienne et Robinet, écuyers, et *Jean* Charpin, écuyer, se trouvèrent aux revues de leurs compagnies, faites les 10 juin 1375 et 8 décembre 1387. *Jean* Charpin était conseiller et chambellan de Jean, fils de France, duc de Berry, en 1441, et rendit foy et hommage à Charles de Bourbon, comte de Forez, pour les fiefs de Chastelus, Fontanès et autres, le 16 août 1445.

Vers le milieu du xvᵉ siècle, cette famille se divisa en deux branches, en la personne de *Pierre* et de *Simon* Charpin, tous deux fils de *Jean* Charpin, damoiseau, seigneur de Montellier, et d'*Isabeau* de Mays (famille qui a donné un comte de Lyon en 1326).

Le premier fut auteur de la branche aînée des seigneurs de Montellier, l'Espinasse et comtes de Souzy, marquis de la Rivière, barons de Feugerolles, qui s'est alliée avec les maisons de Lemps, de Laurencin, de Rostaing, de Damas, de Villars (famille du maréchal), de Capponi (Florence), d'Albon, etc.

Simon CHARPIN, son frère, commença la branche cadette des seigneurs comtes de Génetines qui s'allia avec les maisons d'Augerez, de Veini-d'Arbouze, le Long de Chenillac, de Belveser, de Fay de la Tour-Maubourg, de la Rivoire, de la Fare, de Loras, etc.

Cette branche s'est éteinte en 1828, en la personne de *François-Régis* de CHARPIN, comte de GÉNETINES, capitaine au régiment de Bourbon-cavalerie, chevalier de Saint-Louis, lieutenant des maréchaux de France pour le département de Trévoux-en-Dombes.

La maison de CHARPIN a produit trois chanoines comtes de Lyon, dont le dernier devint évêque de Limoges en 1707, et plusieurs chanoines comtes de Saint-Pierre de Vienne; des commandeurs et de nombreux chevaliers de l'ordre de Malte; des capitaines de compagnies d'hommes d'armes; beaucoup d'officiers distingués jusqu'au grade de mestre de camp, presque tous chevaliers de Saint-Louis; des gentilshommes de la maison du roi et des princes, et un commandant du ban et arrière-ban des provinces de Lyonnais, Forez et Beaujolais.

Elle est actuellement représentée par :

Le comte *Hippolyte-André-Suzanne* de CHARPIN, comte de Souzy, marquis de la RIVIÈRE, baron de FEUGEROLLES, né à Lyon le 11 septembre 1816 (fils de *André-Camille*, chef d'escadron, chevalier de la Légion d'honneur, et de Malte, et de *Pauline-Adélaïde* de PERTHUIS), chevalier des ordres de la Légion d'honneur, de Malte et de Saint-Grégoire le Grand, ancien député, ancien conseiller général de la Loire.

Il a épousé en premières noces, le 28 octobre 1845, *Marie-Aimée-Pauline* de NETTANCOURT-VAUBECOURT, fille de Jacques-Marie-Claude, marquis de Nettancourt, comte de Vaubecourt, colonel du 18e régiment de ligne, commandeur de la Légion d'honneur, chevalier des ordres de Saint-Louis, de Malte et de Saint-Ferdinand d'Espagne, officier de l'ordre de Léopold de Belgique, et de *Pauline-Ernestine* de BEAUFFORT.

. Il s'est marié en secondes noces, le 11 novembre 1862, avec *Armandine-Marie-Sophie* de Guignard de Saint-Priest, veuve de *Gaspard-Paulin-Charles-Aimé*, vicomte de Clermont-Tonnerre, fille du comte Alexis de Saint-Priest, pair de France, successivement nommé envoyé extraordinaire et ministre plénipotentiaire de France au Brésil, en Portugal et en Danemark, commandeur de la Légion d'honneur, grand-croix des ordres d'Isabelle la Catholique et de Dane-brog, membre de l'Académie française, et de *Antoinette-Marie-Henriette* de la Guiche.

Il a eu de ces deux mariages, entre autres enfants :

> 1.º *André-Camille-Marie-Régis*, né le 27 avril 1855, actuellement élève de l'École polytechnique;
> 2.º *Alexis-Henri-Marie-Chantal*, né le 6 avril 1864.

Résidence : Le château de Feugerolles, près Saint-Etienne (Loire).

Armes : *Ecartelé : aux 1er et 4e (1), d'argent, à la croix ancrée de gueules, au franc quartier d'azur, chargé d'une molette d'or*, qui est de Charpin; *aux 2e et 3e, tranché de sable et d'argent*, qui est de Capponi (2).

Cimier : *Un lion issant de gueules, armé, lampassé, couronné d'or.*

Devise : *In hoc signo vinces.*

---

(1) Les armes de la maison de Charpin sont exactement la description de celles qui se voient sur plusieurs parties de la tour de l'église Saint-Paul, à Lyon, laquelle tour fut commencée par *Pierre* Charpin, premier du nom, pénitencier et secrétaire du Pape Jean XXIII, official et vicaire général de l'archevêque de Lyon Amé de Talaru, chanoine et chamarier du chapitre de Saint-Paul en 1418, puis doyen du chapitre de Vienne, et fut terminée en 1476, aux frais de *Pierre* Charpin, deuxième du nom, neveu du précédent, qui fut, après lui, official et vicaire général de Lyon, chanoine et chamarier de Saint-Paul, en 1448, et doyen du chapitre de Vienne.

(2) Les armoiries des Capponi, illustre maison de Florence, ont été écartelées avec celles des Charpin par suite d'une clause testamentaire de *Catherine-Angélique* de Capponi, *dame de* Feugerolles (la dernière de sa branche), femme de *Pierre-Hector* de Charpin, comte de Souzy. Ce testament est du 26 avril 1685.

QUI ONT PARLÉ DE LA MAISON DE CHARPIN.

1.º Annuaire de la Noblesse, par Borel d'Hauterive, année 1846, page 192.

2.º Revue historique de la Noblesse, par Borel d'Hauterive et de Martres, tome II, page 293, et tome IV, pages 141, 142.

3.º La Noblesse de France aux croisades, par Roger, pages 124, 209.

4.º Armorial historique, par de Milleville, page 62.

5.º Noms féodaux, par dom Béthencourt, page 250.

6.º Chronique des châteaux et des abbayes (du Forez), par de la Tour-Varan, tome I, pages 434 — 460.

7.º Les Lyonnais dignes de mémoire (par l'abbé Pernetti), tome I, page 187.

8.º Mémoires de l'histoire de Lyon, par Guillaume Paradin. *Lyon*, 1573, in-folio, pages 245-47, 255.

9.º La Fondation et les Antiquités de l'église Saint-Paul de Lyon, par de Quincarnon, in-18, pages 62, 63.

10.º Etat politique du Dauphiné, par Nic. Chorier, t. II, page 217, et *tome* IV, page 44.

11.º Les Fiefs du Forez, par Sonyer du Lac (publié par d'Assier). *Lyon*, 1858, gr. in-4º, pages 83 — 85, 131, 132.

12.º Genealogia della famiglia Capponi di Firenze, descritta da Luigi Passerini (faisant partie de la grande publication de Litta sur les familles célèbres d'Italie).

13.º Notice sur Amédée de Talaru, archevêque de Lyon, par Péricault (1415-1444), pages 5, 7, 8, 22.

14.º Obituarium Lugdunensis Ecclesiæ, publié par Guigue, page 141.

15.º Gallia Christiana, tomes II, pages 446, 544, 878; IV, page 825; VIII, page 1303; XII, page 402; XVI, page 143.

16.º Histoire universelle, civile et ecclésiastique du Forez, par Jean-Marie de la Mure, 1674, in-4, page 341.

17.º Histoire des chevaliers de Saint-Jean de Jérusalem, dits de Malte, par l'abbé de Vertot (Liste des chevaliers de la langue d'Auvergne).

18.º Armorial véritable de la Noblesse qui a été reconnue et approuvée dans la recherche qui en a été faite en 1667 et 1668, pour les provinces du Lyonnois, Forez et Beaujolois, par C. Brunand. *Lyon*, 1668, in-4º, page 34.

19.º Armorial historique, généalogique et héraldique de l'ancienne noblesse de France, par M. de Saint-Allais, année 1836, pages 351—355.

20.º L'Entrée solennelle dans la ville de Lyon de Monseigneur l'Éminentissime cardinal Flavio Chigi, neveu de Sa Sainteté et son légat *a latere* en France. *Lyon*, 1664, in-folio (*armes des chanoines comtes de Lyon*).

21.º Recherches concernant principalement l'ordre de la noblesse sur l'assemblée bailliagère de la province de Forez, convoquée à Montbrison, en mars 1789, pour l'élection aux Etats généraux du royaume (par M. d'Assier de Valenches). *Lyon*, 1860, in-folio, page 43.

22.º Familles chevaleresques du Lyonnais, Forez et Beaujolais aux croisades, par A. Vachez. *Lyon*, 1875, in-8, pages 47, 48, 113—116.

23.º Mémoires pour servir à l'histoire de l'abbaye royale de Saint-André-le-Haut, de Vienne, par Claude Charvet, publiés par M. P. Allut. *Lyon*, 1868, in-8, pages 155—158.

24.º Recueil de documents pour servir à l'histoire de l'ancien gouvernement de Lyon, par L. Morel de Voleine et H. de Charpin. *Lyon*, 1854, in-folio, pages 98 — 105.

25.º Notice historique et statistique du canton de Saint-Symphorien-le-Château (Rhône), par N. F. Cochard. *Lyon*, 1827, in-8, pages 47, 52, 73, 81, 95, 127 — 129, 190, 206.

26.º Dictionnaire généalogique, héraldique, historique

et chronologique, par M. D. L. C. D. B. (M. de la Chenaye-des-Bois), édition in-12, tome IV ou premier volume du supplément.

Contenant la description ou la représentation, par la gravure, des armoiries de la maison de Charpin.

1.º La Vraye et Parfaicte Science des armoiries, par Louvan Gelliot et Pierre Palliot. *Paris*, 1664, in-folio, page 347.

2.º Trésor héraldique, ou Mercure armorial, par Charles Ségoing. *Paris*, 1657, in-folio, page 112.

3.º César Armorial (par César de Grand-Pré). *Paris*, 1649, in-12, page 117.

4.º Dictionnaire héraldique, par Jacques Chevillard. *Paris*, 1723, in-12, page 78.

5.º Armorial des principales maisons et familles du royaume, par M. Dubuisson. *Paris*, 1757, 2 vol. in-12, tome I, page 96 et planche 96.

6.º Le Véritable Art du blason et la Pratique des armoiries, par le P. Menestrier. *Lyon*, 1671, in-12, page 377.

7.º Jeu de cartes du blason (par le P. Menestrier). *Lyon*, 1692, in-18, pages 80-82.

8.º La Nouvelle Méthode raisonnée du blason, par le P. Menestrier, éditions in-12, de 1696, 1701, 1718, 1723, 1728, 1750 et 1761 (à la dédicace, armes gravées des comtes de Lyon).

9.º Nouvelle Méthode raisonnée du blason, ou l'Art héraldique du P. Menestrier, mise dans un meilleur ordre et augmentée par M. L*** (P.-L. Lemoine). *Lyon*, 1780, in-8, page 86 (au nom de Génetines [Charpin de] et planche 10, fig. 12).

10.º Le Grand Armorial de Chevillard.

11.º La France chrétienne, par J. Chevillard. *Paris (sans date)*, in-4º, page 141.

D'ANGLADE

—

A généalogie de la maison d'ANGLADE, qui figure au tome IX du *Nobiliaire universel de France*, se continue ainsi :

XVI. *Augustin-Hippolyte*, marquis d'ANGLADE, épouse le 17 novembre 1818 *Antoinette-Angélique* LAIR DU VAUCELLES, née le 26 avril 1800, à Paris, où elle meurt le 5 septembre 1876.

Augustin-Hippolyte mourut le 5 septembre 1856 dans sa terre du Marais, près d'Argenteuil; il eut de son mariage :

1.º Alphonse, né le 7 septembre, à Paris ; où il meurt le 26 décembre 1844 ;

2.º *Marie*, née le 27 août 1822, à Paris, où elle épousa le comte *Albert de* RESSÉGUIER, le 14 décembre 1839 ; elle mourut à Pau, laissant deux filles, le 30 septembre 1848 ;

3.º *Berthe*, née le 4 juillet 1825, à Paris, où elle mourut le 7 septembre 1843 ;

4.º *Arthur-Amanieu*, qui suit.

XVII. *Arthur-Amanieu*, marquis d ANGLADE, né à Paris le 14 octobre 1828, fait partie, comme volontaire, des zouaves pontificaux dès leur formation; lors de l'envahissement des Etats de l'Eglise par l'armée piémontaise en 1860. Il retourne au même corps comme volontaire de l'Ouest pour la campagne de France contre les Prussiens en 1870 et assiste à l'affaire de Brou, à la bataille de Patay, le 2 décembre de la même année, et de Saint-Sigismond, le surlendemain, 4 décembre.

Il épouse, le 16 avril 1868, *Marthe-Raymounda-Mathilde* de MAILLÉ LA TOUR LANDRY, née le 17 mars 1840, à Paris, fille de *Charles-Hardouin-Jules-Xavier*, marquis de MAILLÉ

LA TOUR LANDRY, et de *Marie-Eudoxie-Mathilde* BAUDON,
DE MONY.

De ce mariage sont nés :

1.º *Charles-Antoine-Jean-Amanieu,* né le 8 juin
1870, à Paris ;

2.º *Jeanne - Marie - Joseph-Antoinette-Raymounda-
Mathilde,* née le 7 mars 1872, à Paris ;

3.º *Antoinette - Mathilde - Marie - Anne - Claire-
Adolphe,* née le 7 avril 1873, à Paris ;

4.º *Mathilde - Clémence - Henriette - Marie - Anne -
Marthe,* née le 11 août 1876, au château de la
Grandville, en Bretagne.

DE BARTHÉLEMY

ETTE ancienne famille, originaire de Langres, a
pour premier auteur connu : *Lambertus* BARTHO-
LOMÆI, procureur de l'évêché de Langres. (Acte
d'accord entre l'évêché et le chapitre de Langres
du 8 mai 1371. — Voir *Bibliothèque Nationale, fond latin,*
n.º 5191, fol. 265.)

VI. Noble *Claude* de BARTHÉLEMY, avocat du roi au siége
de Langres (1605).

IX. Noble *Jean-Baptiste* de BARTHÉLEMY, conseiller et avocat du roi, puis président de la prévôté royale de Coiffy (1714).

CLAUDE de BARTHÉLEMY, chanoine du chapitre de St-Etienne
de Toul, reçu en 1782, ayant fait ses preuves (de rigueur) de
trois degrés de noblesse paternelle.

François de BARTHÉLEMY, seigneur d'HASTEL, major d'infanterie (1779), chevalier de St-Louis (1781), gouverneur de Bourg-en-Bresse (1785).

Jacques de BARTHÉLEMY, dit le chevalier de Coursillon, secrétaire de la légation (1785), puis ministre plénipotentiaire à Mayence (1791), mort en 1849.

Claude-Félix-Hyacinthe de BARTHÉLEMY, préfet, maître des requêtes, commandeur de la Légion d'honneur, marié à *Antoinette* DEU de VIEUX-DAMPIERRE; veuve le 22 décembre 1868. De ce mariage :

> 1.º *Anatole* de BARTHÉLEMY, chevalier de la Légion d'honneur, ancien sous-préfet, marié à *Marie* AUBERT, dont :
>
> A. *Jean*, né le 2 novembre 1862 ;
>
> 2.º *Edouard* de BARTHÉLEMY D'HASTEL, chevalier de la Légion d'honneur, ancien auditeur au Conseil d'Etat, membre du conseil général de la Marne, créé comte par bref pontifical du 27 avril 1874, avec transmission éventuelle à son neveu précité; marié à *Bérengère* L'HEUREUX, fille du général et de *Clémentine* de SAULX-TAVANES, dont :
>
> B. *Gabrielle-Chantal-Marie-Armande.*

ARMES : *Gironné d'argent et de sable de huit pièces, à l'orle de huit écussons de l'un en l'autre ; sur le tout, d'azur, au chevron accompagné de deux cailloux et un lis de jardin, d'argent.*

DE CARMEJANE-PIERREDON

—

L A famille de Carmejane, anciennement originaire de la province de Guyenne et Gascogne, vint s'établir à Menerbes, au Comté Venaissin, à la fin du xve siècle, quittant un pays ravagé par les guerres civiles et attirée, comme tant d'autres familles étrangères, vers le Comté Venaissin par la beauté de sa nature et de son climat et par la douceur du gouvernement des Papes. La destruction de ses titres antérieurs et des archives de la ville de Fumel, qu'elle habitait, suite des invasions successives des Anglais jusqu'au xve siècle et des guerres de religion au xvie, destruction constatée d'ailleurs par l'histoire pour beaucoup d'autres villes et anciennes familles de Guyenne et Gascogne, ne permet pas de remonter sa filiation suivie plus haut que l'époque où elle s'établit au Comté Venaissin. (Extrait de l'*Annuaire de la Noblesse*, par Borel d'Hauterive, 1865.)

I. Le plus ancien de cette maison, et du nom duquel on ait eu connaissance, est à la fin du xve siècle et au commencement du xvie, à l'époque de la construction d'une nouvelle paroisse à Menerbes, dans le Comté Venaissin, où il habitait. Il obtint la concession du privilége de faire bâtir à ses frais dans cette église une chapelle sous le titre du Saint-Sépulcre, lequel privilége ne fut accordé qu'à des familles nobles, comme il conste, d'un côté de l'église aux maisons de Baraillier, de Grignan, de Constance; de l'autre est celle des curés, magistrats, et celle-ci dans laquelle on voit un tombeau antique et relevé, le seul qui soit ainsi, où reposent les cendres de chacun de ses chefs, de génération en génération jusqu'à présent. Ses descendants ont augmenté les fondations pieuses qu'il y fit et ont mis cette chapelle sous l'invocation de saint Charles. Outre cela, il possédait un corps

de plus de cent directes dans Menerbes, dont il reçut l'aveu
et le dénombrement de ses emphytéotes.

II. *Jean* de CARMEJANE, formant le second degré, fut reçu
citoyen d'Avignon, quoiqu'il eût habité Menerbes la majeure
partie de sa vie, où il possédait des domaines et les directes
mentionnées ci-dessus, dont il reçut l'aveu et dénombrement
et reconnaissance de ses emphytéotes, aux années 1514,
1515 et 1521, et s'allia avec demoiselle *Andriette* de BLADO,
d'une ancienne famille éteinte du lieu de Mazan, diocèse de
Carpentras, en 1515, qui lui donna deux enfants, en faveur
desquels il disposa de ses biens le 8 août 1551, savoir :

> 1.º *Jean*, qui suit ;
>
> 2.º *Marie* de CARMEJANE, qui épousa *Antoine* d'AUTRAN ;
> cette alliance est rappelée dans l'*Essai généa-
> logique de la Noblesse du Comté Venaissin*,
> article : AUTRAN.

III. *Jean* de CARMEJANE, IIᵉ du nom, se maria avec
Eustache LAURENTI (DES LAURENS), fille de *Guillaume* et de
Peirone de COLIN. Il naquit de ce mariage : *Andriette* de
CARMEJANE, mariée à *Jean* MALACHIER, connu à Menerbes
pendant les guerres civiles, où il se distingua, et

IV. *Gilles* de CARMEJANE, Iᵉʳ du nom, citoyen d'Avignon,
qui fut consul de cette ville du rang des citramontains. Il
augmenta la dotation de la chapelle fondée par son bisaïeul,
où il le nomme pour faire prier Dieu pour lui et ses aïeul et
bisaïeul, le 26 avril 1609 (Michaëlis, notaire de Menerbes).
Il eut deux femmes : 1º *Sibille* de FOURNEIRON, fille d'*Esprit*
et de *Jeanne* de SADE ; 2º *Marguerite* de BEAU, fille de *Jean*,
des seigneurs de ROAIX (dont la maison s'éteint dans celles des
JAVON-BARONCELLI et SOISSANS), et de dame *Antoinette* de
CROZET. *Gilles* de Carmejane transigea avec *Andriette*, sa
sœur, pour un supplément de sa dot provenant de la succession de dame *Eustache* DES LAURENS, leur mère, rières
Benoît Michaëlis, notaire de Menerbes, le 30 mai 1608. Il
eut de son premier mariage :

1.º *Gilles* de Carmejane, qui a formé la branche d'Avignon, aujourd'hui éteinte;

Du second :

2.º *Simon* de Carmejane, auteur de celle qui a continué sa demeure à Menerbes.

Branche d'Avignon.

V. *Gilles* de Carmejane, IIe du nom, citoyen d'Avignon, s'allia avec *Isabeau* de Laurens de Valance, fille de *Nicolas* et de *Marguerite* de Borelli. Leurs fils furent :

1.º *Jean-François*, qui épousa *Catherine* de Mérindol de Vaux, fille de noble Achille, conseiller du roi, et de *Catherine* de Vernet, de Montmeyran, duquel mariage il n'eut point d'enfants, et il fit substituer son bien à *François-Augustin* de Carmejane, dont nous parlerons ci-après;

2.º *Gilles*, IIIe du nom, marié avec *Anne* de Bouchard, fille de *Henri* et d'*Anne* de Folard, dont il eut plusieurs enfants, entre autres :

A. *Jacques*, chanoine de l'église collégiale de Saint-Genet de la même ville ;

B. *Louis*, chevalier de l'ordre royal et militaire de Saint-Louis, qui disposa de ses biens en faveur de *François-Augustin*, son cousin.

Branche de Menerbes.

V. *Simon* de Carmejane, fils de *Gilles* Ier, s'allia le 22 novembre 1642 avec *Françoise* de Folard, fille de noble *Nicolas* (aïeul du chevalier de Folard, de l'ordre royal et militaire de Saint-Louis, mestre de camp d'infanterie, célèbre dans l'art militaire, par sa nouvelle tactique et ses ouvrages connus dans toute l'Europe) et de *Marguerite* de Tarquet.

Simon passa transaction avec son frère *Gilles*. Ses enfants furent au nombre de quatorze :

> 1.º *François* fut le seul marié;
>
> 2.º *Henri* fut major de la Croix-Blanche, alors régiment des gardes du roi de Sardaigne, où il fit ses preuves de noblesse, suivant l'usage de ce corps; il testa le 19 décembre 1686 (notaire, Joseph Michaëlis, de Menerbes);
>
> 3.º *Joseph* de Carmejane, mort à l'âge de vingt ans, en garnison à Pignerol, au service de France.

VI. *François* de Carmejane se maria le 23 janvier 1690 (notaire, Joseph Blanqui, de Bonieux) avec *Christine* de Savournin, fille de *Virgile*, écuyer de Lauris (chef de la branche aînée de cette ancienne famille de Provence qui eut trois fils, l'un exempt des gardes du corps, tué au siége de Lille, l'autre, *Paul* Savournin, capitaine au régiment de Picardie, et trois filles, l'une entrée dans la maison d'Amat de Cadenet, l'autre dans celle de Redourtier de Magnan, du lieu de Lauris, qui s'est éteinte dans celle de Barras Valcriche, le dernier actuellement chanoine à Saint-Victor, à Marseille), et de *Marie* de Blanc, laquelle était petite-fille de *Jean* d'Autran et de *Victoire* des Isnards, ce qui a renouvelé l'ancienne alliance des Autran, ci-devant mentionnée. *François* de Carmejane fut député avec Alexandre-Justin d'Astier, baron de Monfaucon, major du régiment de Toulouse-infanterie, pour empêcher un détachement des volontaires du Dauphiné de forcer le dépôt du grenier à sel de Bonieux, petite ville du Comté Venaissin enclavée dans la Provence, ainsi qu'il est cité dans l'*Essai généalogique* de ce Comté. Il disposa de ses biens, rières Joseph Michaëlis, notaire de Menerbes, le 18 novembre 1694, en faveur de son fils unique, qui suit :

VII. *François-Augustin*, Ier du nom, se maria le 18 août 1716 (notaire, Jean-Michel Tempier, à Menerbes) avec demoiselle *Anne-Thérèse* de Malachier, dont l'alliance ci-devant fut renouvelée. Il eut de son mariage :

> 1.° *Jean-Antoine*, marié avec demoiselle *Jeanne-Marie* de Serpillon, qui mourut à Lisle, du Comté Venaissin, et deux fils qu'il avait laissés ; la veuve s'est remariée à *Pierre-Constantin* de Roussière, chargé des affaires du roi à Avignon, chevalier de l'ordre royal et militaire de Saint-Louis ;
>
> 2.° *François-Augustin*, qui suit ;
>
> 3.° *Marguerite* de Carmejane.

Il fut qualifié de noble dans un jugement des officiers de la Chambre apostolique en 1724, ainsi que dans un arrêt du Parlement d'Aix de 1735. Il transigea par une procuration faite rières M° Jean-Michel Tempier, notaire de Menerbes, le 18 mai 1718, avec son cousin Legouge de Saint-Étienne, dont la maison s'éteint dans celle de Sade d'Eiguières, pour les droits qui lui revenaient de leur tante *Anne* de Savournin.

VIII. *François-Augustin*, II° du nom, capitaine au régiment d'Hainaut, chevalier de l'ordre royal et militaire de Saint-Louis, pensionnaire du roi, a été élevé dans l'art militaire par le chevalier de Folard, que nous avons cité ci-dessus. Par sa conduite distinguée au siége d'Harbourg, il eut une gratification de quatre cents livres et la croix de Saint-Louis à treize ans de service. Il s'est allié avec *Marie-Madeleine* d'Antoine de Taillas, fille de *Jean-Joseph-Jacques*, seigneur de Taillas, de Blioux et de Pierredon, et de *Marie-Suzanne* de Nantes, le 16 avril 1771 (notaire, Silvestre de Gordes, et Granier, notaire de Menerbes), dont il a :

> 1.° *Charles-Joseph* de Carmejane de Pierredon, élève du roi au collége de Beaumont-en-Auge ;
>
> 2.° *François-Marie*, enregistré pour l'Ecole royale et militaire, né le 8 septembre 1775 ;
>
> 3.° *Jean-Baptiste*, né le 12 février 1777;
>
> 4.° *Augustin*, né le 28 août 1778 ;
>
> 5.° *Etienne*, né le 3 avril 1780;
>
> 6.° *Gabriel-Joseph-Bruno*, né le 6 octobre 1781 ;
>
> 7.° *Marie-Thérèse*, né le 17 mars 1784.

Son Eminence le cardinal Durini, étant président pro-légat d'Avignon et Comté Venaissin, fit examiner sous ses yeux, par M. Salomon, son archiviste et secrétaire d'Etat, les titres de la maison de CARMEJANE; c'est ce président qui avait présenté au ministre de France les baptistaires des deux fils proposés pour l'Ecole militaire, dont le certificat est enregistré aux archives du palais apostolique. La noblesse de cette famille a été prouvée aussi devant le juge d'armes de France, commissaire député par le roi pour certifier celle des élèves de l'Ecole royale et militaire. Les titres, adressés au juge d'armes de France, restent ordinairement quelque temps aux archives, ce qui nous a privés de bien des détails.

La terre de Pierredon, que cette famille possède en Provence, et les alliances qu'elle y a, nous ont autorisés à lui donner une place dans ce nobiliaire. (Extrait de l'*Histoire héroïque et universelle de la Noblesse de Provence*, par Artefeuil, t. III, 1786.)

Artefeuil, dans son *Histoire héroïque et universelle de la Noblesse de Provence*, terminant la généalogie de CARMEJANE à la fin du siècle dernier, nous la prendrons au point où il la laisse pour la continuer jusqu'à nos jours (1).

VIII. *François-Augustin*, IIe du nom, dit le chevalier de CARMEJANE, seigneur de PIERREDON, capitaine au régiment de Hainaut-infanterie, chevalier de l'ordre royal et militaire de Saint-Louis, naquit à Menerbes, Comté Venaissin, le 3 juin 1724, fils puîné de noble messire *François-Augustin* Ier de CARMEJANE, écuyer, et de noble dame *Anne-Thérèse* de MALACHIER.

Il embrassa jeune la carrière des armes, sous le patronage de son grand oncle, le chevalier de Folard, mestre de camp,

---

(1) Borel d'Hauterive, que nous reproduisons textuellement comme Artefeuil, reprend en le complétant le v111[e] degré de cette généalogie dressée par Artefeuil d'une manière sommaire et incomplète. Voir, pour la généalogie complète, la *France héraldique*, par Ch. Poplimont, t. II, 1873. Note de l'éditeur.

célèbre par ses ouvrages militaires. Il fit la campagne d'Italie de 1744 dans le régiment de Stainville, et celle de 1746 dans le même régiment devenu de la Roche-Aymon, et assista, la même année, à la défense de la Provence, envahie par les Autrichiens et les Piémontais; en 1747, à la prise des îles Sainte-Marguerite et Saint-Honorat, au sanglant combat du Col-de-l'Assiette, dans le haut Dauphiné, enfin aux deux combats livrés sous les murs de Vintimille. En 1757, il se trouva dans l'armée du Bas-Rhin, à la bataille de Haastenbeck et à la prise de Minden et de Hanovre. C'est au mois de novembre de la même année, à la défense de Harbourg, où son régiment fit une défense admirable contre l'armée hanovrienne violant sa capitulation, qu'il mérita par sa conduite distinguée la croix de Saint-Louis, à treize ans de service, et une pension du roi, de quatre cents livres. Il quitta en 1766 le service militaire et son régiment, qui portait, depuis l'ordonnance de 1762, le nom de la province de Hainaut.

Retiré à Menerbes et devenu chef de famille par la mort successive de *Jean-Antoine* de Carmejane, son frère aîné, qui s'était allié, à Courthezon, Comté Venaissin, le 20 avril 1759, à demoiselle *Jeanne-Marie* de Serpillon, et des deux fils de ce frère, *François-Augustin-Luc* et *Paul-Simon-Augustin*, il épousa, au château de Taillas, paroisse d'Entrevennes, en Provence, le 16 avril 1771, demoiselle *Marie-Madeleine* d'Antoine de Pierredon, née audit château, le 28 janvier 1752, fille de noble messire *Jean-Joseph-Jacques* d'Antoine, seigneur de Taillas et de Pierredon, et de noble dame *Marie-Suzanne* de Nantes de Pierredon, et sœur d'*Alexandre* d'Antoine, capitaine de frégate, chevalier de Saint-Louis, et belle-sœur du vice-amiral *Sylvestre* de Villeneuve. Son contrat de mariage, précédé d'articles de mariage du 16 avril 1771, ne fut définitivement passé que le 16 novembre 1776, devant M° Granier, notaire de Menerbes. Il fit son testament devant le même notaire, le 10 octobre 1785, voulant que la terre et seigneurie de Pierredon, qu'il tenait en dot de son beau-père, depuis le 29 avril 1778, fût la part de son fils aîné *Charles-Joseph*, et partageant entre ses autres enfants ses biens de Menerbes et ceux qu'il possédait de l'héritage de

I *c.*   2

messire *Louis* de CARMEJANE, chevalier de Saint-Louis, son cousin. Il mourut à Menerbes, le 28 décembre 1787, et y fut inhumé dans l'église paroissiale, au tombeau et en la chapelle de sa famille. Sa veuve, *Marie-Madeleine* d'ANTOINE DE PIERREDON, mourut à Mesteyme, commune et paroisse de Viens (Vaucluse), le 13 avril 1820, et fut inhumée au cimetière de cette commune.

Leurs enfants furent :

1.º *Charles-Joseph*, qui suit;

2.º *Marie-Julie* de CARMEJANE, née à Menerbes, le 26 octobre 1773, et y est décédée le 27 août 1774;

3.º *François-Marie* de CARMEJANE, né à Menerbes, le 8 septembre 1775. Il entra jeune au service de N. S. P. le Pape, dans la compagnie avignonnaise du régiment de la garde pontificale, et fut nommé capitaine de cette compagnie le 7 février 1792. Ce régiment ayant été ensuite, lors de l'invasion de Rome par les Français, incorporé dans l'armée française sous le nom de 7ᵉ régiment d'infanterie de ligne italien, il le suivit en Catalogne, au commencement de la guerre d'Espagne, y fut nommé capitaine de grenadiers, et y mourut glorieusement, le 3 janvier 1809, des suites d'une blessure au bras, reçue à la prise de la citadelle de Roses;

4.º *Jean-Baptiste* de CARMEJANE, né à Menerbes, le 12 février 1777. Après quelques années de sa jeunesse passées au service militaire, dans le 7ᵉ d'artillerie à-pied, où son frère aîné était alors capitaine, il se retira dans sa terre de Villargèle, commune de Noves (Bouches-du-Rhône). Il épousa, à Carpentras (Vaucluse), le 4 juin 1817, demoiselle *Marie-Rose* IMBERT, née en cette ville le 31 mars 1798, fille de *Ange-Alexis-Bernard* IMBERT et de dame *Rose-Madeleine* de FERRE, d'une ancienne famille d'Italie établie en Provence au xvᵉ siècle. Il est mort à Carpentras, le 30 mars 1841, ayant eu de son mariage :

a. *Charles-Alexis-Edouard* de Carmejane, juge au tribunal de Carpentras, propriétaire de la terre de Villargèle, né à Carpentras, le 14 mai 1818, marié à Marseille, le 19 septembre 1844, à demoiselle *Virginie-Suzanne-Augusta* Thomas, née en cette ville, le 5 juillet 1825, fille de *Joseph* Thomas et de dame *Suzanne-Sophie* Agnel, d'où :

    A. *Marie-Rose-Sophie-Augusta*, née à Marseille, le 18 juillet 1845, mariée à Carpentras, le 14 avril 1863, à *Clément-Adolphe-Lucien* Petiton, *de la lignée de* Challou Saint-Mard, docteur en droit, substitut du procureur général près la Cour d'appel de Montpellier, né à Bar-sur-Seine, le 12 octobre 1832, fils de *Elie-Jules* Petiton, receveur particulier des finances, et de *Clémence* de Buchère, dont un fils en bas âge;

    B. *Joseph-Jean-Baptiste-Maurice*, né à Marseille, le 5 avril 1847;

    C. *Marie-Stéphanie-Blanche*, née à Carpentras, le 16 mai 1854, et y est décédée le 2 septembre 1856;

b. *Charles-Bernard* de Carmejane, né à Carpentras, le 16 mai 1819, et y est décédé le 3 mars 1823.

5.º *Augustin* de Carmejane, né à Menerbes, le 28 août 1778. Il est entré au service militaire, comme son père et ses frères; après avoir servi successivement au 8e régiment de hussards, au 20e régiment de dragons, à la 79e compagnie de canonniers-gardes-côtes, il a été nommé, le 21 février 1807, lieutenant à la 80e compagnie du même corps, et, le 10 février 1814, capitaine commandant la 29e compagnie attachée au 4e régiment d'artillerie à pied. Fait chevalier de l'ordre royal et militaire de Saint-Louis le 26 octobre 1825, il s'est retiré à Avignon, où il habite actuellement sans alliance;

6.° *Etienne* de CARMEJANE, né à Menerbes, le 3 avril 1780. Voué dès ses jeunes années aux soins des biens et des affaires de la famille, il a passé sa longue carrière au milieu *des paisibles et utiles occupations* de la campagne. Il est mort à Saint-Remy-de-Provence (Bouches-du-Rhône), le 24 juin 1863, sans alliance;

7.° *Gabriel-Joseph-Bruno* de CARMEJANE, maire de Menerbes, né en cette ville, le 6 octobre 1781. Il a habité toute sa vie, et le dernier de la famille, la maison páternelle de Menerbes. Une large brûlure au visage, suite d'une chute dans le feu pendant son enfance, l'empêcha d'entrer au service militaire; il en obtint la dispense le 19 juin 1804. Il est mort à Menerbes, le 25 mars 1828, sans alliance;

8.° *Marie-Thérèse* de CARMEJANE, née à Menerbes, le 17 mars 1784, mariée en cette ville, le 15 juillet 1808, à *Louis* DEVOULX, ancien percepteur des'finances, né à Cereste (Provence), le 29 avril 1763, fils de *Jean-Joseph* DEVOULX et de dame *Marie-Delphine* d'HAUTEFORT, dernière héritière d'une ancienne famille de Provence. Ils habitent à Apt (Vaucluse), sans postérité;

9.° *Marie-Marguerite* de CARMEJANE, née à Menerbes, le 14 octobre 1786, mariée en cette ville, le 12 janvier 1814, à *Fidèle* de CAVALIER, maire de Cavaillon (Vaucluse), né en cette ville, le 3 octobre 1787, fils de *François-Sébastien* de CAVALIER, ancien officier au régiment d'Aunis-infanterie, et de dame *Clotilde-Gertrude-Lucie* de RAYMOND DE BUGUIER; issu encore, par sa grand'mère paternelle, dame *Barbe-Françoise-Félicité* DU PUY-MONTBRUN, de cette antique famille du Dauphiné qui a donné le premier grand-maître, *Raymond* DU PUY, à l'ordre de Saint-Jean de Jérusalem. Veuve depuis le 26 avril 1836, elle avait eu de son alliance une fille morte jeune ; elle habite actuellement à Apt, sans postérité.

IX. *Charles-Joseph,* baron de CARMEJANE DE PIERREDON, maréchal de camp d'artillerie, chevalier de l'ordre royal et militaire de Saint-Louis, officier de la Légion d'honneur, chevalier de la Couronne de fer, naquit à Menerbes, le 6 juillet 1772. Il entra comme élève du roi à l'école militaire de Beaumont-en-Auge (Normandie), le 5 février 1782, après avoir fait, en 1781, ses preuves de noblesse par-devant d'Hozier de Sérigny, grand juge d'armes de France, et fut admis comme cadet gentilhomme sous-lieutenant à l'école royale militaire de Paris, le 1er septembre 1787. Il fut nommé, le 1er septembre 1789, lieutenant au régiment de la Fère-artillerie (où servait alors le lieutenant Napoléon Bonaparte); capitaine au 7e régiment d'artillerie à pied, le 18 mai 1792, et, en cette qualité, commandant l'artillerie d'avant-garde de l'armée du Nord et de la Moselle (1793); commandant l'équipage d'artillerie de siége de l'aile gauche, au siége de Mayence (1795); commandant l'artillerie d'avant-garde de l'armée du Danube (1796); chef d'état-major de l'artillerie de siége de l'armée d'Allemagne à Coblentz (1797); adjoint à la commission d'inspection des places du Rhin et à la commission générale des places de guerre (1798); chargé, avec le général de Savournin, de l'inspection des côtes de la Méditerranée (1799); chef d'état-major de l'artillerie de l'aile gauche de l'armée d'Italie (1800). Nommé chef de bataillon au 5e régiment d'artillerie à pied le 12 août 1801, il fut sous-directeur d'artillerie à Antibes (1802) et à Paris (1803); sous-directeur des équipages de siége à l'armée des côtes de l'Océan (1804); sous-directeur des forges de la 17e division militaire à Turin (1805). Nommé colonel directeur d'artillerie à Turin, le 10 juillet 1806, et à Venise (1808); chef d'état-major de l'artillerie de l'armée d'Italie (1809); directeur d'artillerie à Gênes, le 28 mars 1811; à Montpellier, le 21 juin 1814; il fut fait maréchal de camp d'artillerie en retraite le 1er décembre 1819.

Il assista à la bataille de Valmy, 20 septembre 1792 ; aux combats de Limbach (1793), de Deux-Ponts, de Mertensée et de Pellingen (1794), où il eut un cheval tué sous lui ; au siége de Mayence (1795) ; aux combats d'Oggersheim, de Kehl, de Rastadt (1796), où il fut blessé légèrement, et de Gambsheim (1797), en Allemagne ; aux combats de Gravière, de Suze et d'Avigliano, en Italie (1800) ; aux affaires de Boulogne, sur les côtes de l'Océan (1804) ; aux combats de Sacile et à la prise du fort de Malborghetto, en Italie ; au combat de Csnack, à la bataille de Raab (1809) et à la bataille de Wagram, les 5 et 6 juillet 1809 ; enfin il combattit à Gênes et dirigea vaillamment la défense de cette ville au mois d'avril 1814. Il fut fait, en récompense de ses services, chevalier de la Légion d'honneur, le 15 juin 1804 ; chevalier de la Couronne de fer, le 23 décembre 1807 ; chevalier de Saint-Louis, le 20 avril 1814, et officier de la Légion d'honneur, le 17 janvier 1815. Il reçut le titre de baron, après la glorieuse bataille de Wagram, le 15 août 1809, avec une dotation extraordinaire de sept mille livres de rente.

Il vint, après sa retraite, habiter sa terre patrimoniale de Pierredon, commune de Saint-Remy-de-Provence (Bouches-du-Rhône), et il épousa à Avignon, le 19 juin 1821, après contrat de mariage du 18 juin 1821, passé devant Me Pons, notaire, demoiselle *Camille-Marie-Thérèse-Stéphanie* Trono de Bouchony, née à Avignon, le 19 août 1788, fille de noble messire *Ignace-François-Joseph* Trono de Bouchony (1), chevalier, ancien capitaine au régiment de Bourgogne-infanterie, major de l'infanterie pontificale avignonnaise, gouverneur d'Oppède et de Mornas, et de noble dame *Angélique-Pauline* d'Anselme. Il est mort à Avignon, le 14 décembre 1830, sans testament, et sa veuve

---

(1) Antique maison vénitienne qui a donné à la République de Venise le doge *Nicolas* Trono, en 1471, et qui, transplantée à Barcelonette, dans les États du duc de Savoie, aux xve, xvie et xviie siècles, puis à Avignon, au Comté Venaissin, à la fin du xviie, y a hérité de la famille de Bouchony, à la charge d'en porter le nom et les armes.

y est décédée, également sans testament, le 2 janvier 1860. Ils sont inhumés dans le nouveau tombeau de la famille érigé par Henri, leur fils aîné, dans la chapelle de Notre-Dame de Pierredon. Ils avaient eu pour enfants :

1.º *Alexis-Henri-Marie-Paul*, qui suit ;

2.º *Antoinette-Marie-Thérèse* de CARMEJANE, née à Avignon, le 12 janvier 1824, mariée en cette ville, le 26 janvier 1848, à *Auguste-Marie-Félicien* MARTIN DE BOUDARD, chevalier de l'ordre pontifical de Saint-Sylvestre, né à Avignon, le 29 juillet 1823, fils d'*Auguste-Barthélemy* MARTIN DE BOUDARD, ancien page de l'empereur Napoléon Ier, chef d'escadron au régiment de dragons de la garde royale, officier de la Légion d'honneur, et de dame *Marie-Marguérite-Sabine* ODE ; d'où trois fils et quatre filles en bas âge ;

3.º *Christine-Marie-Stéphanie* de CARMEJANE, née à Avignon, le 16 avril 1825, et y est décédée le 29 octobre de la même année ;

4.º *Albin-Charles-Marie* de CARMEJANE, directeur des lignes télégraphiques, propriétaire de la terre et château de Lagremuse (Basses-Alpes), né à Avignon, le 17 mai 1826, marié à Digne, le 21 novembre 1860, à demoiselle *Marie-Claudine-Jeanne* de BLACAS-CARROS, née à Digne, le 8 juin 1838, fille de *Hippolyte-Bonaventure-Joseph*, baron de BLACAS-CARROS, et de dame *Laurence-Marie-Thérèse* de FORESTA ; d'où :

> *Marie-Thérèse* de CARMEJANE, née à Digne, le 16 avril 1862 ;

5.º *Augustin-Marie-Charles-Joseph* de CARMEJANE, religieux de la Compagnie de Jésus, né à Avignon, le 22 décembre 1827 ; entré au noviciat de la Compagnie à Toulouse, le 9 novembre 1846 ; ordonné prêtre à Aix, le 29 mai 1858 ; admis à ses vœux de profès à Avignon, le 2 février 1863 ;

6.° *Marie-Pauline-Thérèse* de Carméjane, religieuse
au monastère des Carmélites d'Avignon, née en
cette ville, le 14 mai 1829, entrée audit monastère le
26 avril 1860; admise à sa profession le 11 février
1862.

X. *Alexis-Henri-Marie-Paul*, baron de Carmejane de
Pierredon, capitaine d'artillerie, est né à Avignon le 11 juin
1822. Après ses premières études faites aux colléges du Passage, en Espagne (1832-1834), et de Fribourg, en Suisse
(1834-1839), il a, suivant les traces de son père et de ses
aïeux, embrassé la carrière militaire. Elève à l'Ecole polytech-
nique, le 26 octobre 1842; sous-lieutenant élève à l'Ecole
d'application de l'artillerie et du génie à Metz, le 9 février 1845;
lieutenant au 13° régiment d'artillerie, le 17 janvier 1847;
détaché comme lieutenant d'instruction à l'Ecole de cavalerie
de Saumur (1848-1849); passé avec le même grade à la 7° bat-
terie du 3° régiment d'artillerie détachée à l'armée des Alpes,
le 26 septembre 1849; nommé capitaine instructeur au 2° régiment d'artillerie à pied, le 14 février 1854; passé en cette
qualité au régiment d'artillerie à cheval de la garde impériale, de nouvelle formation, le 5 juillet 1854; adjoint à la
direction d'artillerie de Lyon, le 21 novembre 1855; il est
actuellement capitaine adjudant-major au 20° régiment
d'artillerie à cheval depuis le 24 décembre 1858. Il a épousé
à Avignon, le 1er décembre 1855, après contrat de mariage passé devant M° Giéra, notaire, le 30 novembre 1855,
demoiselle *Marie-Joséphine* de Revel de Vesc, née à Lyon,
le 9 mars 1833, fille de *Gabriel-Marie-Isidore-Joachim*,
comte de Revel de Vesc (1), et de dame *Marie-Louise-Eu-
génie* des Isnards de Suze (2).

---

(1) et (2) Ces maisons, des plus anciennes et illustres du Dauphiné et
du Comté Venaissin, ont donné, entre autres, *Hugues* de Revel, dix-
neuvième grand-maître de l'ordre de Saint-Jean de Jérusalem, en
1260; *Etienne* de Vesc, duc de Nole, comte d'Ascoli, baron de
Châteaurenard, chambellan et ministre favori de Charles VIII;
Josserand des Isnards, célèbre au martyrologe de l'ordre de Saint-Jean
de Jérusalem, en 1531; enfin le fameux comte de Suze, *François* de

Leurs enfants sont :

1.º *Henri-Augustin-Marie-François-Régis* de CAR-
MEJANE DE PIERREDON, né à Avignon, le 5 décembre
1856 ;

2.º *Charles-Marie-Jules-Stéphane* de CARMEJANE DE
VESC, né au château de l'Estagnol, commune de
Suze-la-Rousse (Drôme), le 19 novembre 1857.
(Extrait de l'*Annuaire de la Noblesse*, par Borel
d'Hauterive, 1865.)

Henri et *Charles* de CARMEJANE-PIERREDON DE VESC sont
subtitués par transmission héréditaire aux nom et armes de
la maison de VESC. Leurs trente-deux quartiers ou quatri-
saïeuls et quatrisaïeules, prouvés par la collection complète de
quarante-sept titres légaux de l'état civil, actes de naissance
et de mariage, sont : 1° du côté paternel : *François* de CARME-
JANE et *Christine* de SAVOURNIN ; *Jean-Antoine* de MALACHIER
et *Marguerite* d'AVON ; *François-Alexis* d'ANTOINE DE BLIOUX
et *Marie-Anne* de SYLVESTRE DES BLAYES ; *Joseph* de NANTES
DE PIERREDON et *Marthe-Madeleine* de ROUBAUD ; *Louis*
TRONO DE BOUCHONY et *Spirite* de PENNE ; *Pierre-Louis* de
COLOMB DE GRAMBOIS et *Marie-Anne* de CROZET ; *Paul* d'AN-
SELME et *Catherine-Christine* de ROUX ; *Antoine* de CONSTAN-
TIN et *Angélique* de LEMOLT ; 2° du côté maternel : *Joachim*
de REVEL DU PERRON et *Charlotte-Elisabeth* d'ANGELIN ;
Christophe de FLOCARD DE MÉPIEU et *Pétronille* d'ANGELIN ;
Gabriel-Joachim de VESC, marquis de BECONNE, et *Louise-
Antoinette* de LA BAUME-PLUVINEL ; *Louis* de LEUSSE DES
CÔTES et *Catherine* de GALLIEN DE CHABONS ; *Esprit-Tous-
saint*, marquis DES ISNARDS, et *Jeanne-Madeleine* de VERI-CA-
NOVE ; *Gabriel* d'ASTUARD ou de STUARD et *Catherine* de
BRASSIER DE JOCAS ; *Louis-François* de LA BAUME, comte de
SUZE, et *Marie-Alix* de ROSTAING ; *Joseph-Jean-Baptiste*,
marquis de SUFFREN-SAINT-TROPEZ, et *Louise-Gabrielle-Pul-
chérie* de GOESBRIAND.

LA BAUME, chef des armées catholiques du Dauphiné et de la Provence
pendant les guerres de religion du xvıᵉ siècle, et glorieux adversaire du
baron des Adrets.

ARMES : *Ecartelé : au 1, palé d'argent et d'azur de six pièces, au chef d'or*, qui est de VESC ; *au 2, de gueules, à l'épée haute d'argent, posée en pal*, qui est des barons tirés de l'armée ; *au 3, de gueules, au lion d'argent tenant une grenade de sable, enflammée d'argent*, qui est de l'artillerie ; *au 4, d'or, à la bande d'azur, chargée de trois étoiles d'argent*, qui est d'ANTOINE DE PIERREDON ; *sur le tout : d'or, au chevron de gueules, accompagné de trois flammes du même, au chef d'azur chargé de trois étoiles d'argent*, qui est de CARMEJANE ancien.

COURONNE *de baron.*

SUPPORTS : *deux lions.*

DEVISES : *Deus, Patres, Patria ;* et encore : *Pas une ne m'arreste*, qui est de VESC. (Extrait de l'*Etat présent de.la Noblesse française*, Paris, Bachelin-Deflorenne, 1873.)

ACHARD DE BONVOULOIR

—

ACHARD, seigneurs du PERTHUIS-ACHARD, de SAINT-AUVIEUX, de BONVOULOIR, de VACOGNES, de LA HAYE, de SAINT-MANVIEUX, des HAUTENOES, etc., etc.

Cette famille est une branche des ACHARD du Poitou (1), très-anciennement établie en Normandie, où elle a donné son nom au bourg Achard (2), près de Rouen, et au Perthuis-Achard, près de Domfront. Elle a constamment possédé ce dernier fief jusqu'en 1789.

---

(1) Laîné, *Dictionnaire des Origines.* — Beauchet-Filleau, *Familles du Poitou.*

(2) Notice de M. L. Passy, *Bibliothèque de l'Ecole des Chartes.* 22ᵉ vol.

Achard, chevalier, châtelain de Domfront, en 1020 (1), signe la charte de fondation de l'abbaye de Lonlay, en 1026 (2).

Un Achard suit Guillaume le Conquérant en Angleterre et est inscrit au *Domesday* dans les comtés de Sussex, de Buckingham et de Worcester (3).

En 1091, *Robert* Achard, châtelain de Domfront, est envoyé auprès de Henri (4), comte de Cotentin, pour remettre cette ville entre ses mains, et reçoit de ce prince, devenu roi d'Angleterre, en 1100, le don de plusieurs manoirs dans le Berkshire, où il fut la tige d'une branche qui ne s'éteignit qu'à la fin du XIVe siècle.

Achard, abbé de Saint-Victor de Paris, puis évêque d'Avranches (5), en 1162, fut choisi par Henri II pour servir de parrain à sa fille Eléonore, qui devint ensuite reine de Castille. Il est désigné ainsi dans les manuscrits de Saint-Victor : « *Achardus, Normannus, ex illustri et antiqua familia de Perthuis-Achard, in comitatu, de Domfront oriundus...* »

En 1205, après la confiscation de la Normandie par Philippe-Auguste, *Guillaume* Achard quitte cette province et va s'établir en Angleterre (6).

Guillaume Achard siége aux assises d'Avranches, en 1224 (7).

---

(1) Caillebotte, *Histoire de Domfront*, p. 113.

(2) *Neustria pia*, p. 425.

(3) *Domesday*, fol. 25 et 25 *b*, 148 *b* et 177. — Thierry, *Histoire de la conquête d'Angleterre*, t. II, p. 395. — *Liste gravée dans l'église de Dives.*

(4) *Chronique de Normandie*, édit. de 1556, p. 125. — *Roman de Rou*, t. II, p. 318. — *Leland's Itinerary*, t. VI. — *Charte de donation de Henri Ier et beaucoup d'autres documents au British Museum qui prouvent la filiation de la branche anglaise jusqu'à son extinction.*

(5) Jean de Thoulouse, *Annales de Saint-Victor* (Bibl. nat., Saint-Victor, 1037, p. 460), et *Antiquités de Saint-Victor*, t. I, p. 160 et 172 (*Saint-Victor*, 1039). — Saint-Victor, 1005, p. 23; 1053, p. 2. — Malingre, *Antiquités de Paris*, p. 448. — Moréri, édit. de 1759, au mot *Achard*.

(6) Abbé de la Rue, *Nouveaux Essais sur la ville de Caen*, t. II, p. 159.

(7) *Cartulaire du Mont-Saint-Michel*, fol. 126.

Des chartes, dont deux originales portent les dates de
1241 (1) et 1243, nous montrent *Raoul*, *Regnauld*, *Philippe* et *Guillaume* ACHARD, chevaliers, établis près de Vire,
au XIIIᵉ siècle. La charte de Guillaume, en 1241, a conservé
son sceau, qui présente très-distinctement les armes que les
Achard de Normandie ont toujours portées et qu'ils portent
encore aujourd'hui.

Guillaume ACHARD, chevalier, probablement le même que
le précédent, et *Robert* ACHARD, varlet, suivent saint Louis
à Damiette et y signent des emprunts, en 1249 (2).

Jean ACHARD, chevalier, seigneur du PERTHUIS-ACHARD,
était écuyer d'écurie du roi, vers 1250 (3). Il épousa *Jeanne*
de TORCÉ, dame de la Corbellière.

Eon ACHARD, chevalier, son fils, épousa, le 2 août 1295,
Barbe de TORCHAMPS (4), qui lui apporta la terre de Saint-
Auvieux, qui est restée plus de 400 ans dans la famille.

Guillaume ACHARD, écuyer, seigneur du PERTHUIS-ACHARD,
fils du précédent, forme le premier degré d'une généalogie
prouvée en 1540, dont une copie du temps est conservée à la
Bibliothèque Nationale (5). Nous retrouvons ce même *Guillaume*, écuyer de la compagnie de Richard de Carbonnel dans
les guerres contre les Anglais, en Normandie, en 1379, et en
Flandre en 1386 et 1387 (6).

Jean et *Macé* ACHARD, écuyers, frères, partagèrent en
1454 (7) la succession de *Jean* ACHARD, écuyer, seigneur du
PERTHUIS-ACHARD, leur père. *Jean* eut la terre et seigneurie
de Perthuis-Achard, qui est revenue aux Bonvouloir à l'extinction des aînés de sa postérité, dont une branche cadette

---

(1) *Archives de la Manche.*
(2) *Emprunts originaux entre les mains de la famille.*
(3) *Lots de 1600. — Preuves de Malte.*
(4) *Lots de 1600. — Généalogie de Jean, seigneur de Saint-Auvieux
et du Pin.*
(5) Cabinet des titres; Dossier : *Achard de Normandie.*
(6) *Titres scellés*, vol. 60, p. 4629; vol. 79, p. 6184; vol. 145, p. 3165.
(7) *Lots de 1454.*

subsiste encore aujourd'hui (1). *Macé*, le second, épousa *Jeanne* Doisnel de la Sausserie et de Montecot, et fut l'auteur des branches de Bonvouloir, de Vacognes, de Saint-Manvieux et de la Haye, dont les deux dernières se sont éteintes de nos jours.

François Achard, écuyer, seigneur de la Corbellière, de Saint-Auvieux, puis de Bonvouloir, épousa en 1513 (2) *Françoise* de Courtarvel, héritière de la terre de Bonvouloir. (V. t. XIII de Saint-Allais, art. *Courtarvel*.)

Guy Achard, seigneur de Beauregard, chevalier de l'ordre du roi, était gouverneur (3) de Domfront en 1580.

Jean Achard, chevalier, seigneur de Saint-Auvieux, capitaine de cent chevau-légers, l'un des cent gentils-hommes (4) de la maison des rois Henri III et Henri IV, député de la noblesse de la vicomté de Domfront aux Etats de Normandie, en 1618, épousa, en 1586, *Marguerite* de la Ferrière (5), héritière de la baronnie du Pin. Il reçut une lettre autographe (6) du roi Henri IV, datée du camp de Buchy, par laquelle ce prince lui ordonne de lui amener sa compagnie à Evreux..

François Achard, fils du précédent, seigneur et baron du Pin, gentilhomme de la chambre et chevalier de l'ordre du roi, épousa (7) en 1617 *Madelaine* de Mailloc, fille de *François* de Mailloc, baron de Cailly.

Julien Achard, chevalier, seigneur de Bonvouloir (8), du Pas-de-la-Vente et du Perthuis-Achard, gentilhomme de

---

(1) *Achard des Hautenoes.*
(2) *Contrat de mariage.*
(3) Caillebotte, *Histoire de Domfront*, p. 114. — Lots de 1600.
(4) *Lots de 1583. — Contrat de mariage de Jean Achard, en 1586.*
(5) *Cette lettre est entre les mains de la famille.*
(6) *Contrat de mariage de François Achard. — Donation de Madelaine de Mailloc, en 1661.*
(7) *Certificat de M. d'Angennes, seigneur de Rambouillet, capitaine des cent gentilshommes de la maison du roi, en 1599.*
(8) *Contrat de mariage d'Alexandre Achard, en 1665. — Certificats du maréchal de la Force et du comte de Quincé, en 1667.*

la chambre du roi, chevalier de son ordre, et lieutenant des mousquetaires de M. le cardinal de Richelieu, fut député de la noblesse du bailliage d'Alençon aux Etats de Normandie, en 1624.

Charles ACHARD, seigneur du PIN, *François* ACHARD, chevalier de Malte (1), *Guy* ACHARD, marquis de BONVOULOIR (2), *Alexandre* ACHARD, seigneur du PAS-DE-LA-VENTE, *Julien* ACHARD, seigneur des HAUTENOES, *André* ACHARD, seigneur des LANDES, et *François* ACHARD, seigneur de LA VENTE, furent maintenus dans leur ancienne noblesse en 1666, par de Marle, intendant de la généralité d'Alençon.

Charles ACHARD, seigneur du PAS-DE-LA-VENTE et du PERTHUIS-ACHARD, né en 1713, fut bailli d'épée de la vicomté de Domfront.

Antoine-Charles ACHARD, marquis de la Haye, chevalier de Saint-Louis, en 1773, capitaine de cavalerie, puis maréchal de camp, fut aide-major général de l'armée des princes.

Luc-René-Charles ACHARD, comte de BONVOULOIR, seigneur du PERTHUIS-ACHARD, etc., page du roi Louis XV, capitaine de cavalerie (3) et chevalier de Saint-Louis, fut député de la noblesse aux assemblées de la moyenne Normandie, en 1787 (4), puis aux Etats généraux de 1789. Il avait épousé, en 1772, *Marie-Anne-Jeanne* de SAINT-DENIS, dame de VERVEINES.

Charles-François-Auguste ACHARD de BONVOULOIR fut reçu chevalier de Malte, en 1790; ses preuves remontent jusqu'à son treizième aïeul et font mention des Achard de la période anglo-normande.

Eugène-François-Charles ACHARD de BONVOULOIR, che-

---

(1) *Preuves originales de 1647.*

(2) *Recherches de de Marle. — Aveux à l'abbaye de Savigny, en 1682.*

(3) *Etats militaires,* 1773, p. 347; 1774, p. 336.

(4) *Procès-verbal des assemblées de la moyenne Normandie, à Lisieux, en 1787,* p. 3 (Mistral, imprimeur).

valier de Saint-Louis, émigré, fit la campagne des princes, puis alla prendre du service en Russie. Rentré en France, il épousa, en 1803, *Françoise-Julie* de la Tour-du-Pin, fille du baron de la Tour-du-Pin, maréchal de camp. Il fut député du Calvados sous la Restauration.

Charles Achard, comte de Bonvouloir, frère cadet du précédent, chevalier de Malte et de la Légion d'honneur, député de la Manche sous la Restauration, épousa *Françoise-Marie-Rose* de Thiboutot, fille de *Léon*, marquis de Thiboutot, lieutenant général de l'artillerie, commandeur de Saint-Louis, dont la mère était la dernière Montgommery de France.

Il ne reste que trois branches de cette famille :

Les Achard de Vacognes; chef : *Amédée-Marie* Achard de Vacognes ;

Les Achard de Bonvouloir ; chef : *Didier-Charles-Robert* Achard, comte de Bonvouloir.

Les Achard des Hautenoes, de la Vente et de la Léluardière ; chef : *Louis-Ange* Achard des Hautenoes.

Armes : *D'azur, au lion rampant d'argent, armé et lampassé de gueules, à deux fasces du même, brochantes sur le tout* (sceau de 1241).

DE FAUCHER

ETTE famille, originaire et habitant encore de nos jours la petite ville de Bollène, dans l'ancien comtat du Pape, y était connue dès le ${IX}^e$ siècle (1).

Elle a été maintenue dans sa noblesse par l'intendant du Languedoc, Lamoignon, en 1697 (2), et par l'intendant de Bretagne, Béchameil, en 1699, parce qu'un de ses membres, officier de cavalerie, s'était fixé dans cette province.

La descendance de ce rameau s'éteignit au milieu du ${XVIII}^o$ siècle, dans une des branches d'Andigné (3).

Elle a fourni une foule d'officiers, dont un lieutenant général des armées navales sous Louis XVI.

Plusieurs de ses membres sont encore aujourd'hui au service de la France.

ARMES : *D'azur à 3 bandes d'or, au chef d'argent, chargé de 3 mouchetures d'hermine.*

---

(1) Archives communales : *Histoire de l'abbaye d'Ayguebelle. — La Ligurie françoise* de l'Hermite de Souliers, etc.
(2) Louis de la Roque, *Armorial du Languedoc.*
(3) Potier de Courcy, *Armorial de Bretagne.*

D'AVON

—

 VON, famille actuellement divisée en deux bran-
ches : celle des sieurs de Sainte-Colombe et celle
des barons de Collongue.

Originaire de Provence, où on la trouve établie au xv⁰
siècle dans l'ancien comté de Sault, elle prouve sa filiation
depuis :

I. *Étienne* d'Avon, capitaine de cent hommes de pied,
qui prit part à l'expédition dirigée contre les Vaudois de
Provence en 1545.

II. *Gabriel* d'Avon, capitaine de cinquante hommes de
pied, commandant de Goult, épousa Basse de Pontevès
vers 1550.

III. *Étienne* d'Avon, capitaine de cinquante hommes
de pied, commandant de Goult, mort en 1637, épousa *Jeanne*
Teyssonne.

IV. *René* d'Avon, sieur de Collongue, né en 1591, mort
en 1642, épousa *Marguerite* Roche.

V. *Jean* d'Avon de Collongue (1635-1720) épousa *Catherine* de Daniel.

VI. *Gabriel-Pierre* d'Avon, sieur de Collongue (1665-
1725), épousa *Isabeau* de Collavery et mourut sans postérité.

VI. *Jacques* d'Avon (mort en 1715), avocat au Parlement
de Provence, épousa *Marie-Anne* d'Alix de Léouze.

VII. *Charles* d'Avon (1698-1748), capitaine au régiment
de royal France dragons, au service d'Espagne, épousa *Anne-
Françoise* de Gaudin.

Ic.   3

VIII. *Jean-Baptiste* d'Avon, sieur de Sainte-Colombe (1748-1825), garde du corps, épousa *Marie-Anne-Françoise* Caron.

IX. *Philippe-Charles-Jean-Baptiste* d'Avon de Sainte-Colombe (1783-1846) épousa *Marie-Delphine* Reynaud.

X. *Joseph-Philippe* d'Avon de Sainte-Colombe, ancien magistrat, ancien maire de la ville d'Apt, né le 27 novembre 1824, a épousé, le 19 mars 1855, *Marie* Court de Fontmichel, dont :

> 1.° *Marie-Albertine*, née le 11 février 1856, mariée, le 27 avril 1876, à *Emmanuel* de Barbarin ;
>
> 2.° *Henriette-Marie*, née le 29 octobre 1857.

Branche de Collongue.

Cette branche a pour auteur :

VII. *Gabriel* d'Avon, sieur de Collongue (1715-1788), officier au régiment de Flandre, fils de *Jacques*, mentionné ci-dessus. Il épousa *Marianne* de Laugier.

VIII. *Charles-Jean-Baptiste-François-Gabriel* d'Avon, sieur de Collongue (1738-1809), épousa *Gabrielle-Françoise-Josèphe* de Marmet de Vaumale.

IX. *Jean-Joseph-Léopold-Gabriel-Hippolyte* d'Avon, baron de Collongue (1766-1845), chevalier de Saint-Louis, capitaine au régiment des hussards de Choiseul-Stainville à l'armée des Princes, épousa *Clémentine-Catherine* Bargmann.

X. *Adolphe-Chrétien-Gabriel* d'Avon, baron de Collongue (1802-1857), épousa *Marie* le Vaillant de Bovent.

XI. *Paul-Gabriel* d'Avon, baron de Collongue, rédacteur aux affaires étrangères, chevalier de la Légion d'honneur, de l'ordre pontifical du Mérite, etc., etc., né le 28 mars 1837, a épousé, le 9 novembre 1869, *Alexandrine-Louise-Augustine* Boscary de Villeplaine, dont :

1.° *Jean-Louis-Adolphe-Gabriel*, né le 6 août 1870;

2.° *Marie-Georgette*, née le 20 mai 1872.

ARMES : *D'azur, au chevron d'argent, accompagné de trois étoiles du même.*

La branche de Collongue porte : *De gueules au chevron d'or, accompagné de trois étoiles d'argent, écartelé d'argent à trois roses au naturel de gueules, tigées et feuillées de sinople; au chef d'azur chargé de trois croissants entrelacés d'argent,* qui est de MARMET.

DE FONTAINE DE RESBECQ

—

CETTE maison, originaire du Cambrésis, s'est fixée à Lille vers 1556. Sa généalogie a été publiée par Le Carpentier (*Histoire du Cambrésis*), La Chesnaye des Bois et Laîné. Elle descend des comtes de Walincourt, pairs de Hainaut, ainsi que le constate un jugement de la gouvernance de Lille, du 16 mars 1769, dans lequel furent visés tous les titres de la famille, depuis *Jean* de FONTAINE, marié à *Jeanne* HOOFTMANS, ainsi que les documents antérieurs à partir de *Pierre*, seigneur de Fontaine-les-Gobert (près de Cambrai), puîné de la maison de Walincourt, vivant en 1229.

Cette famille est ainsi représentée aujourd'hui :

A. *Mélanie* de FONTAINE, religieuse Bernardine à Cambrai;

B. *Adolphe*, comte de FONTAINE DE RESBECQ, né à

Fives (Lille), chef de bureau au ministère de l'instruction publique, chevalier de la Légion d'honneur, décédé le 7 janvier 1865. Il avait épousé *Angéline* LE BAS DE SAINT-CROIX, fille du contre-amiral et de Julie Cotilon de Torcy (voir *Généalogie Poisson de la Chabeaussière*, t. II), d'où :

1.º *Eugène*, comte de FONTAINE DE RESBECQ, chef actuel de nom et d'armes, né à Paris, le 21 novembre 1837. Il est sous-directeur au ministère de l'instruction publique, membre de la commission historique du Nord, officier de Léopold de Belgique et commandeur de l'ordre de Saint-Grégoire-le-Grand. Il a épousé, le 15 octobre 1864, M.-R.-A. DU BREUIL-HÉLION DE LA GUÉRONNIÈRE, d'où :

a. *Agathe*, née le 17 octobre 1865, au château de la Guéronnière (Vienne);

b. *Pierre*, né à Paris, le 3 novembre 1866;

c. *Joseph*; né à Paris, le 9 décembre 1867, décédé;

d. *Jean*, né à Paris, le 7 janvier 1868, décédé ;

e. *Hilaire*, né à Poitiers, le 14 avril 1870 ;

f. *Marie-Thérèse*, née à Paris, le 21 octobre 1872.

2.º *Léonce*, vicomte de FONTAINE DE RESBECQ, né à Paris, le 6 avril 1840, docteur en droit, procureur de la République à Poitiers, marié, le 20 juillet 1874, à M. d'ESPINOSE, d'où :

a. *Christian*, né à Poitiers, le 3 mai 1875;

b. *Robert*, né à Poitiers, le 20 décembre 1876.

3.º *Hubert*, baron de FONTAINE DE RESBECQ, né à Paris, le 12 juillet 1861, attaché au ministère de la marine.

4.º *Geneviève,* née à Paris, le 19 février 1846,
    mariée à *Auguste,* baron de Burguès de Mis-
    siessy (voir *Généalogie de Burgues de Mis-
    siessy,* t. II).

La maison de Fontaine de Resbecq a eu des alliances avec
les familles de la Fontaine-Wicart, de Baralle, du Hot, de
Roubaix, de Mengin, de Clermont-Tonnerre, etc., etc.

Armes : *Parti : au 1, de gueules, au lion d'argent,* qui
est de Walincourt; *au 2, d'azur, à une fontaine d'or,* qui
est de Fontaine; *l'écu entouré d'une bordure d'or.*

Timbre : *Couronne de marquis.*

Cimier : *Un lion issant.*

Supports : *Deux sirènes.*

Cri d'armes : *Walincourt.*

DE MAYNARD

SEIGNEURS DE CHAUSSENEJOUX, DE CLAIREFAGE, DE QUEILLE, DE SAINT-MICHEL, DE COPEYRE, ETC.

A maison de Maynard (1) de Chaussenejoux, de
noble extraction et de très-ancienne chevalerie dans
les provinces de Quercy et de Bas-Limousin, est
alliée aux plus illustres familles de France. Ses membres
avaient la préséance à Turenne, et leurs armes étaient sculp-
tées à la clef de voûte de la cathédrale de Tulle. Elle se divisa au XIVe siècle en deux branches : celle de Chaussene-

---

(1) L'orthographe de ce nom a varié. Il s'est écrit aussi *Meynard,*
Mesnard, Mainard, Ménard.

joux et celle de Montbarla. Cette dernière eut pour auteur ARNAUD DE MAYNARD, qui épousa *Sclarmonde*, dame de MONTBARLA, fille d'Étienne de Montbarla, chevalier, seigneur de Montbarla, près de Lauzerte ; celui-ci, fils de Guilhem de Montbarla, qui suivit le roi saint Louis à la Terre-Sainte. Elle s'éteignit vers 1407, *alias* 1380, dans la maison de Pechpeyroux.

Les preuves faites en avril 1781 et en juillet 1787 devant Chérin, généalogiste des ordres du roi, par *Charles-Cosme-Marie*, comte de MEYNARD-SAINT-MICHEL, établissent la filiation de cette famille, depuis le XIIIe siècle. Le certificat de Chérin dit qu'elles ont été préparées pour les preuves de cour.

Roger, *Guillaume* et *Robert* MAYNARD ou MAINARD figurent parmi les guerriers qui suivirent Guillaume de Normandie à la conquête de l'Angleterre en 1066 (1). Ils furent les auteurs des branches qui y ont subsisté jusqu'à nos jours. La plus illustre qui existe encore est celle des *Viscounts* Maynard, qui est en possession de la pairie depuis 1620. Ses armes sont : *d'argent, au chevron d'azur, accompagné de 3 mains senestres de gueules posées 2 et 1.*

MAYNARD, chambellan du roi Étienne, et MAYNARD, précepteur du fils du même prince, étaient établis au comté de Kent en 1155, 1158 (2).

PONS MAYNARD était, en 1261, lieutenant du sénéchal de Quercy (3).

Bérenger de MAYNARD, chanoine de Narbonne, était, en 1320, chancelier du roi de Majorque don Sanche d'Aragon (4).

I. *Jean* Ier de MAYNARD, appelé aussi *Étienne* sur quelques actes et qualifié messire, chevalier, seigneur de Chaussene-

---

(1) *Normannorum historiæ scriptores antiqui.* — O'Gilvy, *les Conquérants de l'Angleterre.*

(2) Hunter, *Great Rolls*, p. 65, 66, 101, 180.

(3) Perié, *Hist. du Querci.*

(4) *Hist. de Languedoc.*

joux, au diocèse de Cahors, par lequel commencent les preuves devant Chérin, vivait en 1270, 1290. Il avait épousé *Benarde* GIMEL, de la famille de Pierre de Gimel, qui prit la croix en 1248. *Jean Ier* testa le 1er juin, *alias* 15 juin, en faveur de noble *Guillaume*, son fils, qui suit.

II. *Guillaume* Ier de MAYNARD, chevalier, seigneur de Chaussenejoux, épousa *Almodie* de COSNAC, sœur du cardinal Bertrand de Cosnac et fille de Guillaume de Cosnac, seigneur de Cosnac, et d'Almodie de Malguise de Malemort, dont *Etienne*, qui suit :

III. *Etienne* de MAYNARD, seigneur de Chaussenejoux, épousa *Jeanne Robert* de LIGNERAC, fille de Jean Robert de Lignerac, d'une ancienne maison qui était, en 1783, représentée par Joseph-Louis Robert de Lignerac, duc de Caylus, grand d'Espagne et lieutenant général. *Etienne* fit son testament conjointement avec sa femme, le 26 novembre 1407, et eut entre autres enfants :

    1.° *Guillaume*, qui suit ;

    2.° *Raymond*, doyen de Carenac;

    3.° *Antoinette*, mariée à *Bernard* de BOYVER.

IV. *Guillaume* IIe de MAYNARD, seigneur de Chaussenejoux, fit son testament le 13 mai 1412 et eut pour fils *Antoine*, dont l'article suit. Il avait épousé :

    1.° *Bertrande* de NÉDERC ou de NEVER ;

    2.° Il est à croire qu'il épousa en secondes noces *Agnès* de LAMBERTYE, fille de Jean de Lambertye et de Jeanne de Vigier.

V. *Antoine* de MAYNARD, damoiseau, seigneur de Chaussenejoux, épousa, par contrat du 30 décembre, *alias* 4 janvier 1444, *Jeanne* de CHALON, fille de Pierre de Chalon. Elle portait pour armes : *de gueules, à la bande d'or.*

De ce mariage sont issus :

    1.° *Jean*, qui suit ;

    2.° *Munde*, mariée à *Jean* de Roux, viguier de Campagnac.

VI. *Jean* II de MAYNARD, seigneur de Chaussenejoux et de Clairefage, épousa le 2 juillet 1486, *Marguerite* DU VERNET, fille de Guillaume du Vernet, seigneur de Beaulieu, au diocèse de Clermont, dont :

VII. *Pierre* I de MAYNARD, écuyer, seigneur de Chaussenejoux et de Clairefage, qui épousa, par contrat du 22 février 1512, *Françoise* de SOUILLAC, d'une illustre maison, branche de la première dynastie de vicomtes de Turenne.

De ce mariage sont issus, entre autres enfants :

> 1.º *Jean*, qui suit ;
>
> 2.º *Marguerite*, mariée à *Guy* FAYDIT DE TERSAC.

VIII. *Jean* III de MAYNARD, écuyer, seigneur de Chaussenejoux et de Clairefage, épousa, le 14 octobre 1539, *Louise* de CASTEL, fille d'Antoine de Castel, seigneur de Rassiels ou Rassials, près de Cahors, dont, entre autres enfants :

> 1.º *Joseph*, dont l'article suit ;
>
> 2.º *Guy*, auteur des seigneurs de la Queille, de Mouret et des seigneurs comtes de Meynard de Saint-Michel, dont les alliances sont avec les maisons de Juyé, de Parel, de Calvimont, de la Roche-Chauvel, de Miramont, d'Areilh, de Mazière, de la Futzun, de Saint-Sornin, de Sainte-Gemme, de Cugnac, d'Escaffre, etc.
>
> 3.º *Catherine*, mariée à *Jean* de FLAUGEAC.

IX. *Joseph* Ier de MAYNARD, seigneur de Chaussenejoux et de Clairefage, épousa, le 9 décembre 1579, *Marie* de BEAUPOIL, fille de François de Beaupoil, chevalier, seigneur de Saint-Aulaire, pannetier des rois François 1er, Henri II et François II, et de Françoise de Volvire de Ruffec, dame d'honneur de la reine, dont :

> 1.º *Pierre*, qui suit ;
>
> 2.º *Louise*, mariée à Armand de LA PORTE-LISSAC.

X. *Pierre* de MAYNARD, chevalier, seigneur de Chaussenejoux et de Clairefage, épousa, le 5 mai 1609, Jehanne de

Calvimont, fille de Jean de Calvimont, écuyer, seigneur de Chabans et du Chalard, et de Françoise de Salignac, dont, entre autres enfants :

> 1.° *Joseph*, qui suit ;
>
> 2.° *Catherine*, mariée à *Gilbert* de Lauthonnye.

XI. *Joseph* II de Maynard, seigneur de Chaussenejoux et de Clairefage, épousa, le 26 juin 1642, *Antoinette* de Beaumont, sœur de Barthélemy de Beaumont, aïeul de Christophe de Beaumont, archevêque de Paris, et fille de Laurent de Beaumont, seigneur du Repaire, et de Françoise de Chaunac de Lanzac.

> Ils eurent onze enfants, dont :
>
> 1.° *Barthélemy*, qui suit ;
>
> 2.° *Bernard*, auteur de la branche des seigneurs barons de Taillefer et de Copeyre, dont la descendance sera rapportée après celle de son frère aîné ;
>
> 3.° *Pierre*, qui, étant capitaine au régiment du roi, fut tué en Piémont au lieu de la Pérouse, le 2 novembre 1693, et enseveli dans l'église dudit lieu.

XII. *Barthélemy* de Maynard, seigneur de Chaussenejoux et de Mézels, syndic général de la noblesse de la vicomté de Turenne, épousa *Marie-Catherine* du Bus, fille de messire Jean-Charles du Bus, capitaine de cavalerie, seigneur de la Mothe-Dorée et Mauleverge, au pays d'Artois et Flandres, dont, entre autres enfants :

> 1.° *Germain*, qui suit ;
>
> 2.° *Catherine*, mariée à messire de Carbonnière de Jayac.

XIII. *Germain* de Maynard, seigneur de Chaussenejoux et de Mézels, épousa *Marie-Jeanne* de la Porte, fille de Joseph de la Porte de Lissac, seigneur de la Retandie, lieutenant des maréchaux de France, et de Marie-Pascal de Mirandol, dont :

> 1.° *Marie-Joseph* de Maynard, qui épousa *Marc-*

Joseph de GOUDIN, seigneur de Pauliac, la Roussie, Proissans, dont, entre autres enfants :

> A. *Raymond-Joseph*, qui épousa *Françoise* de CADRIEU, fille de Jean-Louis, comte de Cadrieu, et de N. de la Roque-Senezergues ;
>
> B. *Françoise-Marguerite*, mariée à son cousin, messire *Etienne* de MAYNARD-CHAUSSENEJOUX, chevalier, seigneur de Taillefer et de Copeyre ;

> 2.º et 3.º *Marguerite* et *Catherine*, religieuses de l'ordre de Saint-Jean de Jérusalem, au couvent de Saint-Marc de Martel.

Branche des seigneurs de Taillefer et de Copeyre.

XII. *Bernard* de MAYNARD de Chaussenejoux, seigneur de la Fagette, fils de Joseph de Maynard, seigneur de Chaussenejoux, et d'Antoinette de Beaumont, épousa, par contrat du 5 janvier 1694, *Marie* de LESTRADE-FLOIRAC, fille de Claude de Lestrade-Floirac, seigneur de Copeyre, Gluges, baron de Taillefér, et de Marguerite de Roquette de Teyssenat, dont :

XIII. *Gabriel* de MAYNARD, seigneur de Copeyre, baron de Taillefer, qui épousa, le 5 juin 1731, *Marie* de MAIGNES, fille de François de Maignes et de Marguerite de la Faurie, dont, entre autres enfants :

> 1.º *Etienne*, qui suit ;
>
> 2.º *Barthélemy*, capitaine commandant au régiment de Lorraine-infanterie, chevalier de l'ordre royal et militaire de Saint-Louis, émigré en 1792, servit dans la compagnie nº 11 des chasseurs noble-infanterie du prince de Condé, et mourut à Cappel-sous-Rodey en 1796.

XIV. *Etienne* de MAYNARD-CHAUSSENEJOUX, chevalier, seigneur de Copeyre, Gluges, Mirandol et Taillefer, épousa, le

7 février 1780, *Françoise-Marguerite* de Goudin, sa cousine, fille de Marc-Joseph de Goudin, chevalier, seigneur de Pauliac, et de Marie-Josèphe de Maynard, dame de Chaussenejoux, dont, entre autres enfants :

XV. *Gabriel-Joseph*, baron de Maynard, qui épousa, le 23 janvier 1820, *Gabrielle-Isabelle*-Serène de Pignol, fille de Jean-Baptiste, baron de Pignol, et de Marie-Louise-Charlotte d'Arche d'Ambrugeac, dont :

    1.º *François-Achille*, qui épousa, le 9 juillet 1845, *Marie-Charlotte* de Sahuguet d'Amarzit d'Espagnac, fille de Jean-Joseph-Charles de Sahuguet d'Amarzit, comte d'Espagnac, et de dame Gabrielle-Georgette-Marthe-Jeanne d'Arjuzon; *François-Achille* mourut sans postérité;

    2.º *Marc-Alfred*, dont l'article suivra;

    3.º *Marie-Anaïs*.

XVI. *Marc-Alfred*, baron de Maynard, a épousé, le 17 février 1846, *Marie-Anne-Louise* de Lamberterie, fille d'Arnaud, baron de Lamberterie (1), chevalier de l'ordre royal et militaire de Saint-Louis, et de Marie-Anne Crozat de Lynoire, dont :

    1.º *Marc-Emmanuel-Marie-Louis;*

    2.º *Henry;*

    3.º *Elisabeth;*

    4.º *Marie.*

Par ses diverses alliances, la maison de Maynard a eu encore parenté avec celles de Auberi de Saint-Julien, d'Au-

---

(1) Arnaud de Lamberterie était fils de Jean de Lamberterie, baron du Cros, et d'Anne de Foucauld. Il émigra en 1792, et, quoique bien jeune encore, il prit part aux campagnes de l'armée de Condé sous les ordres de son oncle, Louis de Foucauld, marquis de l'Ardimalie, qui avait été député de la noblesse du Périgord aux Etats généraux et qui s'y était fait remarquer par ses talents, ses qualités chevaleresques et son courageux dévouement à la royauté.

busson, de Baynac, de la Borie de Campagne, de Bourdeil-
les, de Chalus, de Clermont, de la Faurie de Bars, de Gironde, de la Grange-Gourdon-Floirac, de Lentillac, de Los-
tanges, de Luzech, de Marcillac, de Marquessac, de Montauban, de Rousseau-Puy-la-Vaisse, de Talleyrand-Chalais,
de Vassinhac, de Vins du Manégre, etc., etc.

ARMES : *D'azur, à la main d'or,* alias *d'argent,* ou bien :
de gueules, à la main dextre, alias *senestre d'argent,* qui
est de MAYNARD ; *écartelé de gueules à 3 bandes d'argent,*
qui est de MONTBARLA.

SUPPORTS : *Deux lions.*

TIMBRE : *Couronne de comte.*

OUVRAGES ET DOCUMENTS A CONSULTER.

1.º Bonaventure, *Annales du Limousin,* t. III, p. 655.
2.º Brizard, *Généalogie de Beaumont.*
3.º Borel d'Hauterive, *Année 1858.*
4.º La Chesnaye des Bois et Badier.
5.º De Courcelles, *Histoire des Pairs.*
6.º *Feuille hebd. de Limoges,* 4 oct. 1786, n° 40, p. 158,
col. 2 et suiv.
7.º D'Hozier, reg. 2, p. 2.
8.º Moréri, édit. 1759, art. *Beaumont.*
9.º Nadaud, *Nobiliaire du Limousin.*
10.º O'Gilvy, *Nobiliaire de Guienne.*
11.º Papiers de Turenne à la Bibliothèque des Archives
Nationales.
12.º Recherche de la noblesse de 1666 (Limousin).
13.º Registres de la paroisse de Cressensac (Lot) conservés
depuis 1604.

RUDEL DU MIRAL

—

L A famille RUDEL DU MIRAL, fort ancienne en Auvergne, est issue, suivant les traditions, de la même souche que le célèbre troubadour Élie-Geoffroi Rudel, fils du sire de Blaye, qui suivit Richard Cœur-de-Lion en Palestine et composa plusieurs poésies en l'honneur de la princesse de Tripoli, fille de Raymond, comte de Toulouse, en 1162.

Renaud RUDEL, lieutenant général en Poitou et Saintonge, chassa les Anglais de Cognac, Saint-Maixent, Marennes, Royand et autres places, au temps du roi Charles V.

Pons RUDEL, fils puîné du précédent, alla à Rome, où il épousa secrètement la fille d'un gentilhomme romain, et de cette union est issu *Lorenzo* ou *Laurent* RUDEL, qui vint en France avec Catherine de Médicis et s'établit en Auvergne. C'est à lui que commence la filiation authentique établie degré par degré.

Cette famille est actuellement représentée par :

I. *Anne-Psalmet-Elie-Geoffroi-Thélis* RUDEL DU MIRAL, né le 20 mars 1804, chevalier de l'ordre d'Isabelle la Catholique, maréchal des logis au 2ᵉ chasseurs, démissionnaire en 1830, fils du colonel chevalier François-Joseph du Miral, maréchal des logis des gendarmes de la garde du roi (Louis XVIII), colonel de dragons, chevalier de la Légion d'honneur, etc., etc., et de Psalmette-Anne du Cheyrou de Bonnefon, des comtes du Cheyrou, *alias* du Cheyron, en Limousin et Périgord.

En mai 1832, *Thélis* DU MIRAL a épousé *Caroline-Hortense* FOURNIER DE TONY, fille d'Antoine Fournier de Tony, seigneur de la Ramas, en Bourbonnais, secrétaire du roi (Louis XVI), auteur du poëme des *Nymphes de Dyctime*, etc., et de Sophie Navier.

De ce mariage sont issus trois enfants, qui suivent :

> 1° *Psalmet-Amable-Elie* Rudel du Miral de Tony,
> né au château du Miral, le 5 août 1838, marié à
> Paris, le 30 avril 1867, à *Antoinette-Marie* d'Ale-
> gambe-Auweghem, des comtes d'Alegambe, barons
> d'Auveghem, en Belgique.

De ce mariage, une fille :

> A. *Psalmette-Agnès-Marie-Marguerite-Fran-
> çoise-Yvonne* Rudel du Miral de Tony, née à
> Clermont-Ferrand, le 19 décembre 1870.

> 2.° *Françoise-Marie-Louise* du Miral, mariée en 1857
> à *Charles-Emile* Maigne, fils de Paul Maigne,
> ancien maire de Brioude, et d'Antoinette Bec ;
> petit-neveu du baron Grenier, pair de France, pre-
> mier président de la Cour d'appel de Riom, officier
> de la Légion d'honneur, chevalier de Saint-Michel.

De cette union est issue :

> B. *Marie-Psalmette-Philomène-Pauline-Char-
> lotte* Maigne.

> 3.° *Pierrette-Octavie-Berthe* du Miral, mariée, le
> 2 février 1864, à *Denis-Ludovic* de Saint-Thomas,
> receveur particulier des finances à Roanne, fils de
> Jean-Etienne, chevalier de Saint-Thomas, officier
> des gardes du corps du roi, chef d'escadron d'état-
> major, gouverneur du château royal d'Ecouen, che-
> valier des ordres de Saint-Louis, de la Légion d'hon-
> neur, de Saint-Anne de Russie, etc., et de Jeanne-
> Athénaïs Denis de Cuzieu, des barons de Cuzieu,
> en Beaujolais.

II. *Godefroy-Charlemagne-Francisque* Rudel du Miral, cousin germain du précédent, né à Clermont, le 11 avril
1812, ancien magistrat, député du Puy-de-Dôme, vice-président du Corps législatif, président du conseil général de la
Creuse, commandeur de la Légion d'honneur, fils de Pierre

Rudel du Miral, officier au régiment de Poitou-infanterie, et de Rose Jeudi du Monteix.

Francisque DU MIRAL a épousé, en 1843, *Louise* FURGOT, d'une ancienne famille de la Marche, dont il n'a pas d'enfants (1).

ARMES : *De sable, au lion d'or, armé et lampassé de gueules ; au chef d'argent, à l'étoile de gueules.*

TIMBRE : *Couronne de comte.*

SUPPORTS : *Deux aigles.*

DEVISE : *Fortis in arduis lucens.*

AUTEURS A CONSULTER.

1.º Hugues de Saint-Cire, *Mémoires de la bibliothèque du roi de France*.

2.º *Histoire générale du Languedoc par quelques Bénédictins*, fin du livre XVII, tome second.

3.º Moréri, art. *Rudel*, t. IV, page 193 et suivantes.

4.º Du Verdier.

5.º *Biographie universelle.*

6.º Magny (de).

7.º Poplimont, *la France héraldique*.

8.º A. Tardieu, *Histoire de Clermont-Ferrand*.

9.º Borel d'Hauterive, *Annuaire de la Noblesse de France*, année 1869, page 209 et suivantes.

10.º *Etat présent de la Noblesse de France*. Paris, Bachelin-Deflorenne.

11.º Lantier (de), *Geoffroy Rudel*. Paris, 1825.

---

(1) Pierre Rudel du Miral avait un autre enfant : Anne-Rosalie-Joséphine Rudel du Miral, née à Clermont-Ferrand en 1811, décédée au château d'Ydogne (Allier) en 1877 ; mariée : 1º à N... du Crohet ; 2º à Jules-Martin d'Angers, dont un fils : *Emmanuel.*

LAFOND

—

LA famille LAFOND est originaire du Beaujolais, où elle jouit depuis longtemps d'une grande considération. Une de ses branches vint, à la fin du siècle dernier, se fixer en Nivernais (1) et y acquit la terre seigneuriale du Nozet.

Un fait curieux et unique dans les traditions généalogiques donne à cette famille le droit de faire remonter son origine maternelle jusqu'à la première croisade. Vers 1095, à la demande des grands du royaume, Eudes, dit le Maire, chevalier et chambellan du roi Philippe Ier, fit à pied, armé de toutes pièces, un cierge à la main et marchant, suivant une vieille tradition de famille, trois pas en avant et un pas en arrière, le pèlerinage de Jérusalem, à la place de ce prince, afin de le relever d'un vœu. Au retour, le roi lui fit don du fief de Chaillou-Saint-Mard, situé près d'Estampes, et lui octroya de nombreux priviléges, entre autres celui de la noblesse perpétuelle, transmissible à l'infini dans sa descendance *masculine* et *féminine*, par *hommes* et *femmes* (2). De plus, toute la *lignée de Chaillou-Saint-Mard* put légalement transmettre, *même par les femmes*, l'écu du chevalier Eudes, écartelé des armes du royaume de Jérusalem. Les familles qui ont reçu cet écusson par alliance le chargent de leurs *propres armes* et le transmettent à leur postérité. Aussi la généalogie des familles de la lignée se dresse-t-elle en suivant le sang et l'écusson, et en passant de degré en degré indifféremment par les filiations féminimes et le changement de nom jusqu'à l'auteur premier.

---

(1) Le comte de Soultrait, *Armorial du Nivernais*.

(2) Voy. Favin, Fleureau, La Chenaye-Des Bois, Montfaucon, Guizot, Borel d'Hauterive, etc., etc.

Les membres de la famille LAFOND se trouvent actuellement faire partie de la *lignée de Chaillou-Saint-Mard,* parce
qu'ils sont les descendants directs du sire Eudes le Maire,
en passant par les familles du Temple et Chartier, deux très-
anciennes maisons. La première a fourni un chevalier à la croisade de Philippe-Auguste; la seconde a été illustrée par le grand
Alain Chartier, « l'un des plus beaux ornements » de la cour
de Charles VII; par Guillaume Chartier, évêque de Paris à
la même époque, et par le savant moine Jehan Chartier, his-
toriographe des *Grandes Chroniques de France.*

Narcisse-Antoine LAFOND, appelé à la pairie en 1846,
fut député de la Nièvre pendant de longues années, colonel
de la garde nationale de Paris, régent de la Banque de
France, etc. De son mariage avec mademoiselle HARLÉ
D'OPHOVE, sœur du pair de France, il a eu une fille, mariée à
Adolphe Beaudon de Mony, petit-fils du marquis de Bou-
bers, et un fils, Etienne-Edmond, comte Lafond, auteur
d'un grand nombre d'ouvrages littéraires. Celui-ci fut créé,
en 1868, comte héréditaire, par le pape Pie IX. Il est mort
en 1875, laissant un fils et une fille mariée au marquis des
Cars, fils du duc.

Cette famille, par ses alliances et sa lignée maternelle, est
apparentée avec celles de Montribloud, de Louvencourt,
d'Estreux de Maingoval, Parent du Châtelet, de Moracin,
Lefellier de Chezelles, de Recoquillé, de Tascher, de Milleville, d'Espinay-Saint-Luc, Nicole, du Han, etc., etc.

ARMES : *Ecartelé : aux 1 et 4, d'argent, à la croix potencée d'or, cantonnée de 4 croisettes de même,* qui est de
JÉRUSALEM ; *aux 2 et 3, de sinople, à l'écusson de gueules,
bordé d'or, portant une feuille de chêne d'argent,* qui est
de CHAILLOU-SAINT-MARD. *Sur le tout : un écu d'or, à la
croix de Saint-Pierre de gueules, chargée de cinq besants
d'argent,* qui est de LAFOND.

TIMBRE : *Couronne de comte.*

SUPPORTS : *Deux anges.*

DEVISE : *Rex Philippus mihi dedit;* et encore : *Omnia
pro Petri Sede.*

Ic.   4

DE TOCQUEVILLE

—

L'ARTICLE publié dans la première édition du *No-biliaire universel de France*, tome XII, page 437, avait été rédigé à la hâte, sans être précédé d'aucunes recherches, d'aucunes communications des archives de la famille. C'était sans doute pour distinguer les Tocqueville de la haute Normandie des Clerel de Tocqueville, dont le chef actuel est comte et député de la Manche. L'article doit être complétement remplacé par celui qu'a publié l'*Annuaire de la Noblesse* (année 1876, page 199) et que nous reproduisons textuellement.

Il y a en Normandie cinq localités différentes appelées *Tocqueville*, et plusieurs familles leur ont emprunté leurs surnoms distinctifs. Une seule n'a jamais eu d'autre dénomination patronymique. Originaire des environs de Dieppe, elle prouve son existence dès le xvi⁰ siècle.

Robine de Tocqueville avait épousé Jean de Bully, rejeton d'une des plus anciennes familles de Normandie, qui fournit, le 22 juin 1601, tant pour lui qu'au nom de sa femme, le dénombrement de son fief de Feugeray et des mouvances de cette seigneurie (maison de Bully; *notice par J. Noulens*, pages 104 et 105).

Jacques de Tocqueville, écuyer, seigneur de Noblevalle, était attaché à la maison du duc d'Orléans, lorsque, le 22 juin 1705, il figura dans un acte d'emprunt par lequel Jean Robert, architecte des bâtiments du roi, reconnut avoir reçu une somme d'argent à titre de prêt (l'original aux archives de la famille).

Charles de Tocqueville, issu de la même branche, avait épousé Anne-Charlotte de Corlier de Barbonval, qui donna quittance de l'arrérage d'une rente, le 30 septembre 1723, à Antoinette Caignié, veuve de Pierre Leleu, avocat en Parlement.

Un rameau détaché de cette branche, et dit Tocqueville-Levasseur, possédait, en 1756, la seigneurie de Tocqueville, paroisse de Royville, près de Dieppe. Il s'est éteint à la fin du siècle dernier.

La descendance directé, continuée jusqu'à ce jour, a été établie sur pièces et actes authentiques comme il suit :

I. *Adrien* de Tocqueville avait épousé *Marie* DE BRAY, dont il eut un fils qui continua la descendance.

II. *Philippe* de Tocqueville se maria, le 21 janvier 1744, avec *Marguerite* Duval, fille d'Adrien Duval et de Marie Ermel. Les enfants issus de cette union furent :

> 1.º *Jean-Baptiste-Louis-Emmanuel*, qui suit ;
>
> 2.º *Adélaïde* de Tocqueville, décédée sans alliance à Rouen, le 10 décembre 1836, à l'âge de quatre-vingt-quatre ans ;
>
> 3.º *Marie-Félicité* de Tocqueville, mariée, le 19 ma 1778, à *Philippe-Auguste* Morin, marquis d'Auvers, conseiller au Parlement de Rouen (reg. de l'état civil).

III. *Jean-Baptiste-Louis-Emmanuel* de Tocqueville, né en 1748, seigneur et baron de Royville et Rainfreville et seigneur de l'Aiglemesnil-le-Sorent, donna procuration, le 27 juillet 1785, à Nicolas le Mazurier, feudiste, pour administrer ses droits seigneuriaux (l'original de cet acte, daté du manoir de Royville, est conservé dans les archives de la famille).

Il épousa, par contrat du 24 mars 1788 et par acte du 3 avril suivant, à Royville, *Jeanne-Marie-Pétronille* Gippers, née à Aix-la-Chapelle en 1762, décédée à Gueures (Seine-Inférieure) le 30 septembre 1840, fille de Théodore Gippers et d'Elisabeth Maywerin. De son mariage, il laissa :

1.° *Pierre-Victor*, qui a continué la descendance;

2.° *Victoire-Dorothée*, née le 13 germinal an II.

IV. *Pierre-Victor*, comte de Tocqueville, né le 5 mai 1791, sous-lieutenant en 1812, garde du corps dans la compagnie de Raguse en 1814, accompagna Louis XVIII à Gand pendant les Cent-Jours. Nommé chef d'escadron en 1816, maréchal des logis aux gardes du corps, compagnie de Noailles, en 1826; il quitta le service avec le grade de lieutenant-colonel en 1828. Officier de la *Légion* d'honneur en 1814, il reçut la croix de Saint-Louis le 2 avril 1815. Il avait été blessé d'un coup de feu en avant de Goldsberg, le 23 août 1813, et à la Ferté-sous-Jouarre, en 1814.

Il épousa *Anne* Tulloch de Tannachie, fille du major sir Francis Tulloch et de Marguerite Simpson, et sœur du colonel Tulloch et du marquis de Stacpool, qui commandait un régiment anglais en Crimée. Le roi Charles X, qui honorait d'une bienveillance toute particulière le comte de Tocqueville, signa son contrat de mariage avec toute la famille royale. La comtesse mourut le 26 août 1829, au château de Gueures, et son époux se remaria, le 17 octobre 1838, avec *Marguerite* Béare; fille d'un colonel irlandais. Il est décédé à Pau le 25 mars 1871, laissant du second lit :

1.° *Ernest-Richard-Victor*, qui suit;

2.° *Marie-Gabrïelle-Jeannette Pétronille* de Tocqueville, née à Cork (Irlande).

V. *Ernest-Richard-Victor* de Tocqueville, né à Dunkerque le 11 octobre 1845, marié, le 26 août 1871, avec *Jeanne-Amélie* Mangeot, née le 23 octobre 1850, fille de Michel Mangeot et d'Anne Hébert. De cette union sont issus :

1.° *Robert-Victor* de Tocqueville, né le 11 août 1876;

2.° *Marguerite-Gabrielle* de Tocqueville;

3.° *Anne-Henriette-Inès* de Tocqueville;

4°. *Alix-Marie-Antoinette* de Tocqueville, née le 28 octobre 1874, décédée le 16 août 1875, au château d'Ennery (Lorraine).

Armes : *D'azur, à une licorne saillante d'argent.*

Timbré : *Couronne de comte.*

Cimier : *Un buste de licorne.*

Supports : *Deux lions.*

Devise : *Fortis atque fidelis.*

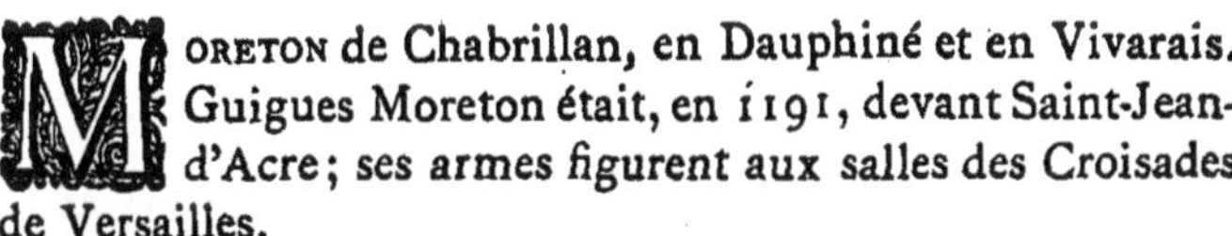

MORETON DE CHABRILLAN

oreton de Chabrillan, en Dauphiné et en Vivarais. Guigues Moreton était, en 1191, devant Saint-Jean-d'Acre ; ses armes figurent aux salles des Croisades de Versailles.

La filiation de la maison de Moreton est établie depuis :

I. *Guillaume*, marié à *M.* de Montoison, qui vivait en 1250, et dont les descendants se sont succédé en ligne directe jusqu'à nos jours dans l'ordre indiqué ci-dessous :

II. *Pierre* épousa *M.* de Vesc (1306).

III. *Guillaume*, II° du nom, se maria avec *D.* Adhémar de Pierrelate (1340).

IV. *Raymond* eut pour femme *A.* Audigier (1392), dont il eut :

    1.º *Antoine*, qui suit.

    2.º *Pierre*, auteur de la branche des Granges Gontardes, éteinte vers 1600.

V. *Antoine*, dont la femme fut *A.* FLANDRIN (1407). Il acquit par échange avec le Dauphin, depuis Louis XI, la seigneurie de Chabrillan.

VI. *Aynard* épousa *Cl.* ALOÏS (1470).

VII. *François* se maria avec *D.* de SEYTRES (1506).

VIII. *Sébastien* épousa *L.* DU MOULIN (1563).

IX. *Jacques* épousa *G.* d'URRE (1595).

Les enfants issus de ce mariage furent :

    1.º *Antoine*, IIe du nom, qui suit;

    2.º *Charles*, tige de la branche cadette, aujourd'hui existante.

X. *Antoine*, IIe du nom, épousa *J.* de CHAPONAY (1628).

XI. *Joseph*, premier marquis de CHABRILLAN, épousa *A.* de VICHY (1668).

XII. *Antoine*, IIIe du nom, deuxième marquis de CHABRILLAN, épousa *A.* de GROLÉE (1698).

XIII. *François-César*, troisième marquis de Chabrillan, épousa *M.-C.-L.* d'ASTUAUD (1738).

XIV. *Joseph-Dominique*, quatrième marquis de CHABRILLAN, épousa *J.-A.* DU PLESSIS RICHELIEU D'AIGUILLON (1766); de cette union vinrent :

    1.º *Hippolyte-César*, qui suit;

    2.º *Pierre-Charles-Fortuné*, dont il sera parlé.

XV. *Hippolyte-César*, cinquième marquis de CHABRILLAN, s'unit à *Antoinette-Françoise-Marie* de CAUMONT LA FORCE (1784).

De son mariage sont issus, entre autres enfants :

1.º *Alfred-Philibert-Victor*, qui suit;

2.º La comtesse de Belbeuf;

3.º La comtesse de Masin;

4.º *Léontine*, sans alliance.

XVI. *Alfred-Philibert-Victor*, sixième marquis de Chabrillan, s'unit à *Marie-Madeleine-Charlotte-Pauline* de la Croix de Saint-Vallier (1823).

Il laissa de cette alliance :

1.º *Louis-Hippolyte-René*, qui suit;

2.º *Paul-François*, marié à *Alix* d'Agoult;

3.º *Louise-Françoise-Eulalie*, mariée au comte *Raymond* d'Agoult;

4.º *Marguerite*, morte sans alliance.

XVII. *Louis-Hippolyte-René*, mort avant son père, épousa *Marie-Séraphine* de la Tour du Pin-Montauban (1854); de cette alliance vinrent :

1.º *Paul-Jacques-Marie-René*, septième marquis de Chabrillan;

2.º *Louise-Marie-Victoire*, comtesse de Jouffroy.

Rameau issu, au XVᵉ degré, de Joseph-Dominique et de Innocente-Aglaé du Plessis Richelieu d'Aiguillon.

XV. *Pierre-Charles-Fortuné*, fils de *Joseph-Dominique*, épousa *Charlotte-Robertine* Coustard (1791).

XVI. *Charles-Fortuné-Jules* se maria avec *Joséphine-Philis-Charlotte* de la Tour du Pin la Charce (1826), d'où :

1.º *Hippolyte-Camille-Fortuné*, qui suit;

2.º *Louis-Robert-Fortuné*.

XVII. *Hippolyte-Camille-Fortuné* épousa Anne-Françoise, princesse de Croÿ (1864), dont :

1.º *Honoré-Philippe-Guillaume-Fortuné*;

2.º *Léonor-Alfred-Aynard-Fortuné.*

La branche cadette, issue de *Charles*, second fils de *Jacques*, au IXᵉ degré, et de G. d'Urre, est représentée de nos jours par :

1.º XV. *Charles*, baron de Chabrillan;

2.º XVII. *Jacques*, comte de Moreton de Chabrillan;

3.º XVI. *Philibert*, comte de Chabrillan, marié à *Léonie* Huc de Saint-Jean; et son frère :

Louis, comte de Chabrillan, marié à *Sop.-Lud.* le Roy de Buxière.

Armes : *D'azur, à la tour crénelée de cinq pièces, sommée de trois donjons, crénelés chacun de trois pièces, le tout d'argent maçonné de sable, à la patte d'ours d'or mouvant du quartier senestre de la pointe et touchant la porte de la tour.*

Devise : *Antes quebrar que doblar (Plutôt rompre que ployer).*

AUTEURS A CONSULTER

Preuves de cour, Guy Allard, Chorier, Valbonnais, marquis d'Aubaïs, la Chesnaye, d'Hozier, Laîné.

DE GENTIL

—

Seigneurs de la prévosté de Saint-Yrieix, Panthénis, le Chambon, Lavaux, Rosiers; marquis de Langalérie, premiers barons de Saintonge, etc., etc.

I. *Jehan* Gentilz, Iᵉʳ du nom, viguier de la ville de Saint-Yrieix, en Limousin, épousa *Jehanne* Moustonne, d'où :

1.º *Jehan*, IIe du nom, qui suit ;

2.º *Yrieix*, mort en 1547; il avait épousé N..... de CALVIMONT, dont deux filles : l'une, dame d'Aubeterre, et Françoise, femme de N. de la Tour, baron de....;

3.º *François*, seigneur de ..... en Guyenne, dont était issu le célèbre président de Gentils en Parlement de Bordeaux, seigneur de Cadillac ;

4.º *Marie*, épouse d'*Olivier* DALIER, mort en 1547.

II. *Jehan* de GENTILZ, IIe du nom, mort en 1547, avait épousé *Louise* de BRANÇONNET, fille du seigneur d'Escoire, en Périgord. Il eut de ce mariage :

1.º *Hélie*, qui suit ;

2.º *Yrieix*, IIe du nom, abbé de Saint-Maurice et chanoine de Saint-Yrieix en 1537.

III. *Hélie*, seigneur de Lajonchapt, du Mas, de la prévosté Saint-Yrieix, testa le 8 août 1547 et vivait encore en 1550. Il avait épousé *Léonne* de SANZILLON DE LA FOUCAUDIE, d'où :

1.º *Jacques*, qui suit ;

2.º *Gabriel*, chanoine de Saint-Yrieix, en 1543 ;

3.º *Paul*, viguier de Saint-Yrieix et seigneur de Claud, 1547 ;

4.º *Léonard*, auteur de la branche A ;

5.º *Poncet*, seigneur de Panthénie et du Chambon, viguier en 1543.

IV. *Jacques*, seigneur de Lajonchapt, épousa en premières noces, en 1543, *Marguerite* de SALIGNAC, fille de Raymond, chevalier, seigneur de Rochefort et des Étangs. Elle était morte en 1553. En secondes noces, il épousa *Françoise* de MONEYS. Il testa au château de Lajonchapt, le 29 avril 1569, devant Vouzeau, notaire royal.

Du premier lit :

1.º *Raymond*, tué en duel ;

2.º *Yrieix*, qui suit ;

3.º *Paul*, auteur de la branche B ;

4.º *Galianne*, baronne de Chirac ;

5.º *Yrieix*, qui a formé la branche C ;

6.º *Raymond*, seigneur de Pirmangle, en 1597. Sa fille *Anne* épousa N., seigneur de Saint-Bris en Bourgogne ;

7.º *Yrieix*, qui a formé la branche D.

V. *Yrieix*, seigneur de Lajonchapt et de Laurière, épouse en 1572, au château de Pellevin, *Hélène* de REILHAC, fille d'Antoine, chevalier de l'ordre du roi, et de Françoise de Carbonnières. Il testa le 26 février 1602.

De ce mariage naquirent :

1.º *Yrieix*, qui suit ;

2.º *Françoise*, mariée le 25 janvier 1593, à *Paul* de CHOUY, chevalier, seigneur de Pirmangle, gouverneur de Saint-Yrieix.

De cette union naquit le célèbre Yrieix de Pirmangle, gouverneur de Limoges.

VI. *Yrieix*, seigneur de Laurière et de Lajonchapt, épouse en 1614 *Isabeau* de JOURNET. Il fit son testament le 24 novembre 1657 et laissa :

1.º *Gaspard*, qui suit ;

2.º *Jacques*, seigneur du Claud ;

3.º *Jean*, seigneur de la Faye.

VII. *Gaspard*, seigneur de Villebrange, mort avant son père, avait épousé, au château de Lambertye, le 1ᵉʳ février 1643, *Catherine* de LAMBERTYE, fille de Gabriel, comte de Lambertye, baron de Montbrun, maréchal de camp, gouverneur de Nancy, et d'Isabeau de Rochechouart.

De ce mariage vinrent :

1.º *Léonard*, qui suit ;

2.º *Jean*, seigneur de Lavaux et de Rosiers, époux de *Françoise* de CONSTANT. Il forma la branche E.

VIII. *Léonard*, seigneur, baron de Lajonchapt, chevau-léger, le 16 octobre 1674, capitaine de cavalerie dans le régiment du marquis de Langalerie, son cousin, épousa, le 26 février 1680, *Marie* DESMAISONS, fille de Jean, seigneur de Bonnefon.

De cette alliance naissent :

1.° *Léonard*, qui suit;

2.° *Pierre*, âgé de 26 ans en 1709, lieutenant dans le régiment de Leuville;

3.° *Marie-Françoise*, reçue à Saint-Cyr en 1696, après avoir établi, par preuves, deux cents ans de noblesse paternelle;

4.° *Elisabeth*, religieuse à Angers; elle fit des preuves de huit quartiers;

5°. Autre *Elisabeth*, aussi reçue à Saint-Cyr, après avoir fait ses preuves (15 juin 1709).

IX. *Léonard* épouse, le 23 février 1747, *Anne* VALETTE, d'où :

1.° *Pierre*, né le 3 janvier 1746, chevau-léger le 31 mai 1769;

2° *Léonard*, né en 1743, page de la Dauphine en 1770.

Ici s'arrête la généalogie conservée au cabinet des titres à la Bibliothèque Nationale.

Branche A.

IV. *Léonard*, seigneur du Claud, l'an 1547 épousa *Jacquette* de GUÈBLE, d'où :

1.° *Jacques*, qui suit;

2.° *Françoise*, femme de *Pierre* du GARREAU, seigneur de Gironée.

V. *Jacques*, seigneur de Guèble, épouse *Claude* de RÉGNIER DE GUERCHY, fille de Claude, baron de Guerchy, et d'Anne de Giverlay.

De ce mariage sont issus :

    1.º *Adrien*, qui suit;

    2.º *Edmée* épouse *Charles* de Roffignac, seigneur de Meauce en Nivernais.

VI. *Adrien*, seigneur du Mas du Boulet et de la Forêt de Chaume, épousa *Madeleine* de Courtenay, fille de Jean, chevalier, seigneur des Salles, et de Madeleine d'Orléans.

Branche B.

Paul, seigneur du Verdier, en 1555 épousa *Marguerite* du Bois, veuve en 1597. De ce mariage naquirent plusieurs enfants, parmi lesquels un *François*. Ils moururent avant leur mère.

Branche C.

MARQUIS DE LANGALERIE, PREMIERS BARONS DE SAINTONGE.

V. *Yrieix*, seigneur de Langalerie, en Saintonge, épousa, le 8 août 1598, *Anne* de Giraud.

VI. *François*, seigneur de Langalerie, épousa, le 7 juin 1625, *Judith* de la Motte-Fouquet.

VII. *Henri-François*, marquis de Langalerie, premier baron de Saintonge, lieutenant général des armées du roi, commandant pour Sa Majesté en Provence, épousa, le 26 septembre 1660, *Marie* de Couleurs, fille de Pierre, vicomte d'Arnas, d'où :

    1.º *Philippe*, qui suit;

    2.º *Suzanne*, morte sans enfants, héritière de son frère.

VIII. *Philippe*, marquis de Langalerie, premier baron de Saintonge, né en 1661, épousa à Versailles, en 1696, *Marie* de Pourroy, marquise de Vimiane, gouvernante des filles d'honneur de Madame, lieutenant général des armées du roi, feld-maréchal au service de Pologne et d'Autriche, mourut enfermé dans la citadelle de Roab en Hongrie.

IX. *Philippe-François*, marquis de Langalerie, marié à Lausanne avec *Augustine* CONSTANT DE REBECQUE.

Branche D.

Yrieix, fils de Jacques et de Marguerite de Salignac, seigneur de Puyjolet et capitaine aux gardes, épousa *Edmée* de RÉGNIER, fille de Claude, baron de Guerchy, et d'Anne de Giverlay, d'où :

    1.º *Jacques*, seigneur de Puyjolet;

    2.º *Adrien*, chevalier de Malte, reçu après ses preuves, le 24 mars 1614, de la langue de France (voy. Vertot, *Hist. de Malte*, t. VII, p. 240);

    3.º *Anne*, épouse de *Henri* de LAMBERTYE, seigneur de Saint-Bris en Bourgogne.

Branche E.

VIII. *Jean*, fils de Gaspard et de Catherine Lambertye, seigneur de Lavaud-Porcher et de Rosier, épousa, en premières noces, le 24 octobre 1679, *Anne* MAZEAU DE LA TRANCHARDIE, d'où :

    Pierre, marié à *Ursule* d'ARTHUYS DE VEAUX, dont il n'eut pas d'enfants.

Ce même *Jean* épousa, en secondes noces, et le 15 mars 1697, *Françoise* CONSTANT DE LA MAZIÈRE, dont il eut huit enfants, parmi lesquels :

    1.º *Antoine*, seigneur de Rosier et de Lacoste, marié à *Julie* de LA MARTHONIE, dont il eut un fils :

        Jean;

2.° *Jean*, seigneur de Rosier, épousa, le 18 janvier 1857, *Jeanne* LEGAY; de cette union vint :

A. *Jean-Jacques-Christophe* de GENTIL DE ROSIER. Il épousa, le 20 thermidor an VIII, *Jeanne* COAILLAUD, dont :

> a. *Jean-Léonard*, qui suit;
>
> b. *Augustin*;
>
> c. *Léon.*

Jean-Léonard de GENTIL DE ROSIER épousa *Caroline* de SAVIGNAC; de ce mariage naquirent :

> 1.° *Léonard-Alexandre*, qui suit;
>
> 2.° *Hortense*, mariée à *Michel* DUCLOS.

Léonard-Alexandre, magistrat, né le 17 janvier 1843, marié, le 9 juin 1874, à *Marie* CALLIER, fille d'Edouard et de Sophie Tournyol de Boislamy, dont :

> *Jean-Pierre-Edouard*, né le 6 avril 1875.

ARMES : *D'azur, au chevron d'or, accompagné de trois roues de Sainte-Catherine du même; une épée nue en pal, la pointe en haut, brochante sur le tout.*

TIMBRE : *Couronne de comte.*

N. B. — Ces armes sont décrites par le P. Menestrier, page 182 de la *Nouvelle Méthode raisonnée du Blason.* Lyon, 1734.

DE REHEZ

Comtes de Sampigny-sur-Meuse, marquis d'Effiat, seigneurs
d'Issoncourt, du Mesnil la Horgue, de Marbotte, de
Mezering, de Bussières, de Denone, d'Olhat, de Chante-
loup, de Saulnat, de Saint-Julien de Clesdon, de Villiers, de Cerelles, etc., etc., etc., en Lorraine, Auvergne, Bourbonnais et Isle-de-France.

—

CETTE famille, originaire d'Allemagne, vint s'établir
à Saint-Mihiel, en Lorraine, dans le commencement du xvi⁰ siècle. La terre et seigneurie de Sampigny fut érigée en comté par lettres patentes du duc Léopold
de Lorraine, données à Lunéville, le 13 juillet 1712, en
faveur de *Louis-Ignace* de Rehez, secrétaire d'État et garde
des sceaux du prince de Vaudemont, et surintendant de ses
finances, conseiller au Parlement de Metz, conseiller d'État
du duc Léopold, gouverneur des ville et principauté de Com-
mercy, grand bailli héréditaire de Falkenstein, etc., etc.

Par lettres patentes du 17 février 1717, le duc Léopold de
Lorraine crée, érige, élève et illustre *Louis-Ignace* de
Rehez, ses enfants, tant de la ligne féminine que masculine,
nés ou à naître, en qualité de comtes, sous le nom de Sampigny. *Louis-Ignace* fut naturalisé Français par lettres patentes données à Versailles le 2 mai 1723. Il fut déclaré,
avec son épouse et ses enfants, noble d'ancienne extraction
par lettres patentes données à Versailles au mois d'août
1724. Il obtint, par retrait féodal du duc d'Orléans, régent
du royaume, la terre et marquisat d'Effiat, qui lui fut adju-
gée par brevet du 16 mars 1728. Il avait épousé, par contrat
du 27 décembre 1693, *Henriette* Oryot de Jubainville, fille
de messire Charles Oryot de Jubainville, écuyer, et de
Marie de Millet d'Estouf.

A partir de 1728, époque à laquelle elle s'est fixée en
France, la famille de Rehez de Sampigny a donné au service
de ce pays un grand nombre d'officiers de terre et de mer de
tous grades, dont sept chevaliers de l'ordre royal et militaire
de Saint-Louis. Elle s'est divisée en plusieurs branches :

l'aînée est restée en Auvergne et a formé une seconde branche établie en Bourbonnais ; la cadette s'est fixée en Vivarais et s'est elle-même subdivisée en deux branches, l'une établie en Vivarais et l'autre en l'Isle-de-France.

Ces diverses branches sont toutes aujourd'hui représentées. Le chef de la branche aînée établie en Auvergne est :

Louis-François-Dominique, comte de Sampigny, né le 16 mars 1816, fils d'Ignace-Hyacinthe, comte de Sampigny, chevalier des ordres de Malte et de Saint-Louis, et de Marie-Thérèse de Viry. Il se maria, le 30 septembre 1844, avec *Étiennette-Augustine de* Vichy, fille d'Armand, marquis de Vichy, et d'Aurélie Thibault de la Carte de la Ferté-Sennecterre.

De ce mariage :

Louis-Ignace-Hyacinthe-Étienne, comte de Sampigny, né le 30 juin 1846.

Sœurs de *Louis-François-Dominique* :

1.º Marguerite-Clémence, comtesse de Sampigny, mariée à Charles-Félix Guyot, marquis de Saint-Amand, fils du marquis et de la marquise née de Wimpffen ;

2.º Pauline, comtesse de Sampigny, mariée à Eugène Duroc, marquis de Brion, fils du marquis et de la marquise née de Lastic.

Principales alliances : de Hallot, Oryot de Jubainville, de Vernaison, de Saint-Belin, d'Assigny, de Barthélemy, de Cambis, de Fagand, de Bengy-Puyrallée, de Sarrazin, de Rosnyvinen de Pirée, de Viry, de Vichy, de Saint-Amand, de Brion, de Veyny d'Arbouse, de Beaufort de Gellenoncourt, de Longueil-Maisons, de Forget, de Chasteigner, de Bovis, etc., etc., etc.

Armes : *De gueules, au sautoir d'argent.*

Supports : *Deux sauvages.*

Cimier : *Un sauvage issant.*

Devise : *Tace sed memento.*

AMELOT

—

AMELOT. Famille ancienné, originairé d'Orléans, où vivait, en 1387, Jean Amelot, seigneur de Chenailles, qualifié d'écuyer et de noble dans une charte de ladite année (1).

La branche mère qui s'est perpétuée jusqu'à nos jours en cette ville compte plusieurs illustrations, parmi lesquelles il faut citer : Abraham-Nicolas Amelot de la Houssaye, secrétaire de l'ambassade de France à Venise, diplomate, écrivain et moraliste célèbre. Il naquit à Rouen en 1643 et mourut à Paris en 1706.

A cette branche s'en rattachent deux autres, qui, dès le commencement du xvie siècle, s'établirent l'une . en bas Nivernais, l'autre à Paris.

La première est celle des seigneurs de la Roussille, dont il sera parlé ci-après.

La seconde, qui a pour auteur Jacques Amelot, seigneur de Carnetin, a été précédemment rapportée dans Saint-Allais (2).

Branche des seigneurs de la Roussille.

I. *Jean-Baptiste* AMELOT, chevalier, seigneur de la Roussille, né à Cosne en Nivernais, en 1674, vint s'établir à Paris à la fin du xviie siècle; se distingua comme officier du génie dans les dernières guerres de Louis XIV, et notamment au siége de Turin, et décéda le 22 mars 1742. De son ma-

---

(1) Hubert (manuscrit de), *Généalogies des principales familles de l'Orléanais*, t. VI, art. *Amelot.* (Bibliothèque d'Orléans.)

(2) *Nobiliaire universel de France*, t. II, p. 157.

riage avec *Marie-Anne* LE MOYNE, fille de Simon, conseiller au Châtelet de Paris, et de dame Claude Fayet, il laissa :

1.º *Hyppolite* AMELOT de la Roussille, officier du génie, qui fut chargé en 1743 de prendre possession de la Louisiane. Il devint chevalier de Saint-Louis en 1760 et périt en mer vers 1785. De *Marguerite* DE VILLARS, nièce du maréchal de ce nom, sa femme, il eut trois filles :

   a. *Félicite*, mariée au sieur de Tréville;

   b. *Catherine*, qui fut marquise de MORANT;

   c. *Adélaïde*, mariée à *François* DU TILLET de Vilhameur.

2.º *Jérôme*, qui fut page du roi de Pologne, puis officier au régiment de la Dauphine-Allemand, et mourut célibataire.

3.º *Marie-Anne*, mariée à *Henry* FRIGNET (*des Frignetti*), ingénieur en chef des Etats de Bretagne.

4.º *Jean-Henry*, qui suit :

II. *Jean-Henry*, Ier du nom, AMELOT de la Roussille, né à Paris le 19 février 1727. Il fut d'abord page de Sa Majesté, puis officier aux gendarmes de la garde en 1769. Il mourut à Paris le 27 juin 1791. Il avait épousé par contrat passé à Lavaur, le 15 mars 1761, *Catherine* de CLAUSEL de Coussergues, fille de Jean, adjoint en Parlement, et de Marie de Frausseille de la Trivalle.

De ce mariage sont issus :

1.º *Marie-Louise*, qui épousa, à Toulouse, le 2 juillet 1788, *Accurse-Barthélemy*, marquis de BLANDINIÈRES, seigneur de Cantemerle en Querci, fils de Philippe-André et de Barthélemie de Comère;

2.º *Jean-Henry*, qui suit :

III. *Jean-Henry*, IIe du nom, AMELOT de la Roussille, chevalier de la Légion d'honneur et des SS. Maurice et La-

zare, fut nommé par le 1ᵉʳ Consul l'un des trois adminis-
trateurs de la loterie, et devint chef de division aux finances
en 1815. Il mourut à Paris, le 5 juin 1845, et laissa de son
mariage avec *Marie-Françoise-Etienne-Gervaise* DUMAS :

> 1.º *Achille-Jean-Baptiste-Marie*, qui suit ;
>
> 2.º *Georges*, vicomte AMELOT de la Roussille, né à
> Paris, le 11 juin 1808, mort en 1864. Il avait
> épousé, le 25 octobre 1849, *Mathilde* BREWER,
> d'une famille noble d'Angleterre, dont il eut un fils
> unique :
>
>> A. *Jacques-Marie-William,* vicomte AMELOT
>> de la Roussille.
>
> 3.º *Charles-François-Félix*, lieutenant d'infanterie,
> mort sans alliance.

IV. *Achille-Jean-Baptiste-Marie*, comte AMELOT de la
Roussille, fut juge au Tribunal civil de la Seine et mourut
à Paris le 9 juin 1855. Il eut de son mariage, contracté le
19 juillet 1841 avec *Marie-Alix* CHOPPIN D'ARNOUVILLE, fille
d'Antoine, capitaine de génie, et de dame Marie-Élisabeth
Osmond d'Amilly :

> 1.º *Jean-Charles*, comte AMELOT de la Roussille,
> chevalier de Saint-Grégoire le Grand, secrétaire
> d'ambassade, marié le 23 novembre 1874 à Morte-
> fontaine, canton de Senlis (Oise), avec *Alice-
> Mathilde* CORBIN, fille de Henry-René, ancien
> préfet, chevalier de la Légion d'honneur, et de dame
> Marie-Charlotte-Sophie de Thanaron ;
>
> 2.º *Gabrielle-Marie-Julie*, qui épousa à Paris, le
> 27 mars 1867, *Artémon-Jean-Henry* de CASSAN-
> FLOYRAC, fils de Jean-Joseph et de dame Christine-
> Joséphine-Zoé de Patris ;
>
> 3.º *Achille-Jean-Marie*, vicomte AMELOT de la Rous-
> sille :

BROSSAUD DE JUIGNÉ

SEIGNEURS DE LA MUSSE, DE LA NOË, DE VALLAIS, DE LA BLANCHE-
TIÈRE, DE LA HAIE-TESSANTE, DU HALLAY, DE JUIGNÉ, DE LA
VERRERIE, DE LA MARCHANDERIE, EN BRETAGNE.

LA famille Brossaud de Juigné est originaire du comté nantais. Cette ancienne famille de robe fut anoblie dans la personne de Pierre-Adrien Brossaud, seigneur de la Musse, de la Noë, de Vallais, de la Blanchetière et de la Haie-Tessante, terres situées dans l'ancien comté nantais, et conseiller, juge magistrat au siége présidial de Nantes, par lettres patentes du roi Henri III du mois de septembre 1577, dûment registrées.

Ces lettres d'anoblissement portent que :

« Lui et sa postérité née et à naître en loyal mariage joui-
« raient de tous les priviléges dont jouissent les nobles du
« royaume, pourvu toutefois que ledit anobli et sa postérité
« en ligne directe vécussent noblement, sans déroger à la
« noblesse, et à condition de contribuer au ban et arrière-
« ban pour les fiefs à eux appartenant, comme les autres
« nobles du royaume, et sans être tenus à payer à nous ni
« à nos successeurs aucune finance ni indemnité. »

Cette pièce originale et une partie des archives de la famille, cachées, au commencement de la Révolution, dans le caveau de la chapelle du château, ont été détruites lors du pillage du château de Juigné pendant les guerres de la Ven-dée. Mais l'extrait ci-contre des titres d'anoblissement a été copié sur celui inséré au contrat de mariage de Pierre-Adrien Brossaud avec demoiselle de Tinguy, passé à Nantes le 5 janvier 1581.

I. *Pierre* Brossaud épousa à Nantes en 1544 demoiselle *Marie* Giraud, fille de Jean Giraud, écuyer. De ce mariage il eut :

II. *Pierre-Adrien* Brossaud, écuyer, conseiller, juge magistrat au siége présidial de Nantes. Il épousa, le 5 janvier 1581, demoiselle de Tinguy, dont est issu :

III. *Jérôme* Brossaud, écuyer, qui exerça aussi les fonctions de conseiller, juge magistrat au siége présidial de Nantes, et épousa en 1626 demoiselle *Julie* le Bastard, fille de Pierre le Bastard, écuyer. De cette alliance vint :

IV. *Pierre* Brossaud de Juigné, né à Nantes en 1645, écuyer et le dernier de la famille qui fut conseiller, juge magistrat au siége présidial de Nantes. Il acheta par contrat du 6 février 1672 de la succession de dame Anne Rouxeau, marquise de Quatrebarbes, la terre noble de Juigné, située dans la baronnie d'Ancenis, avec le droit, pour lui et ses héritiers mâles en ligne directe, d'en prendre et porter le nom. Il épousa *Jeanne* le Ray, fille de Jacques le Ray, écuyer, seigneur du Hallay, et eut pour fils aîné :

V. *Pierre* Brossaud de Juigné, IIe du nom, né au château de Juigné en 1708. Il entra le 8 avril 1731 dans la maison militaire du roi Louis XV (compagnie des gendarmes de la garde ordinaire du roi) et quitta le service avec le grade de brigadier. Il obtint ensuite la charge de porte-manteau du roi par lettres patentes du roi Louis XV du 5 avril 1739, et prêta serment en cette qualité le 7 mai suivant devant le grand chambellan de France, premier gentilhomme de la Chambre, le duc Charles de la Trémoille; il épousa *Jeanne* Morin du Pas, fille du trésorier général du roi, des traites et gabelles à Nantes.

De ce mariage sont issus :

> 1.º *Pierre-Adrien-René*, qui suit ;
> 2.º *Nathalie-Désirée*, mariée le 28 juillet 1789 à *Alexandre* de Fleuriot, seigneur d'*Omblepied*, capitaine-commandant au régiment de Navarre,

chevalier de l'ordre royal et militaire de Saint-Louis.

VI. *Pierre-Adrien-René* Brossaud de Juigné, écuyer, né au château de Juigné en 1747, admis le 3 janvier 1767 dans la maison militaire du roi Louis XVI (compagnie des gendarmes de la garde ordinaire du roi), épousa à Orléans en 1790 *Marie-Sophie-Alix* de Brouville, fille de François-Alix de Brouville, écuyer, doyen des conseillers du Châtelet d'Orléans et issu d'une ancienne famille noble de l'Orléanais. Il devint premier maire d'Ancenis en 1789 et fut élevé à cette magistrature par le suffrage de ses concitoyens, puis il émigra en 1792.

De son union il laissa :

    1.º *Pierre-François-Marie*, qui suit;

    2.º *Caroline*, mariée en 1822, à Nantes, au comte de Bruc de Livernière, maréchal de camp, chevalier de l'ordre royal et militaire de Saint-Louis.

VII. *Pierre-François-Marie* Brossaud de Juigné, écuyer, né le 16 décembre 1791, fut nommé chef d'escadron de la légion de la garde nationale à cheval de l'arrondissement d'Ancenis, par ordonnance du roi du 16 octobre 1817. Marié à demoiselle *Alasacie* de Trimond, fille du vicomte de Trimond qui était le fils aîné du vicomte Daniel, Victor de Trimond, conseiller au parlement d'Aix, maître des requêtes au conseil d'État du roi et intendant de la Haute-Guienne, et de demoiselle Josèphe Crignon d'Ozouer dont le père était député d'Orléans sous la Restauration, il décéda au château de Juigné le 4 novembre 1873 et fut inhumé dans la chapelle du château qu'il avait rebâtie.

De ce mariage sont issus :

    1.º *Gaston*, qui suit;

    2.º *Sophie*, mariée au baron *Antoine* de la Rüe du Can, d'une ancienne famille noble de Touraine;

    3.º *Anna*, mariée au vicomte *Ernest* Harscouët de

Saint-George, petit-fils du comte de Saint-George, député du Morbihan sous la Restauration et en 1848.

VIII. *Gaston* Brossaud de Juigné, né au château de Juigné le 1ᵉʳ janvier 1836, sous-intendant militaire, sous-préfet, conseiller de préfecture de la Gironde, créé comte héréditaire par un bref de Sa Sainteté Pie IX, marié à Paris le 1ᵉʳ août 1868 à *Berthe* d'Yanville, fille du comte d'Yanville, conseiller à la Cour des comptes, conseiller général de l'Oise, officier de la Légion d'honneur, et de la comtesse d'Yanville, née de Rugy, dont :

IX. *Henri* Brossaud de Juigné, né au château de Juigné, le 8 juin 1872.

Armes : *D'azur, au lion d'argent, à la fasce d'hermine, brochante sur le tout.*

Couronne *de marquis;* Supports : *Deux lions.*

Devise : *Toga et ense.*

LANGLOIS D'ESTAINTOT

L E VIIᵉ registre de l'*Armorial général de la noblesse de France* de d'Hozier, publié par Firmin Didot en 1873, contient sur cette famille une généalogie détaillée qui complète les renseignements fournis par Saint-Allais, tome IX, p. 352, et X, p. 472.

La seule rectification qu'il convienne d'y faire est relative à un renseignement donné sous le deuxième degré, où l'on indique que Jean Langlois, seigneur de Mauteville et de Berville-sur-Seine, aurait épousé avant 1430 Jeanne d'Ellebeuf.

De nouvelles recherches ont fait au contraire reconnaître que ce mariage était le second et doit se placer à une date postérieure. La première femme de Jean Langlois de Mauteville fut Jeanne de la Porte, issue d'une famille d'ancienne chevalerie. En effet, un acte reçu par les tabellions de Rouen le 9 février 1458 (1) fait mention d'un eschange consenti le 2 mai 1449 par Robin d'Ellebeuf, escuier, et damoiselle Jeanne Langlois, sa femme, fille de Jean Langlois, escuier, seigneur de Berville, et de feue Jeanne de la Porte, laquelle Jeanne Langlois était devenue héritière de Guillaume de la Porte, escuier, son oncle. Cet échange portait sur différens fiefs assis à Croismare et Escalles-Alix.

Jeanne Langlois recueillit encore, dans la succession de son oncle maternel, la terre de Goderville, plein fief de haubert, plus tard érigé en baronnie, et aujourd'hui chef-lieu de canton de l'arrondissement du Havre. Robert d'Elle-beuf en fit hommage au roi, le 20 décembre 1450, ainsi que du fief de Saint-Pierre le Viger, comme « mari de demoi-selle Jehanne Langlois » (2).

Jeanne Langlois épousa en secondes noces Robert le Ma-checrier, escuier; mais elle paraît n'avoir eu d'enfants que du premier lit, et l'une de ses filles, Guillemette d'Ellebeuf, porta ces terres dans la maison de Roussel (3).

Jeanne d'Ellebeuf, la seconde femme de Jean Langlois, vivait encore en 1472, et figurait au contrat d'aliénation du 31 mars de ladite année, visé dans le second degré de la généalogie.

---

(1) Rouen : Archives du palais de justice.
(2) Arch. nation. P. 266, nos 131 et 132.
(3) D'Hozier, Registre IV, p. 487.

La branche des Langlois du Bouchet s'est éteinte en 1856.

Celle d'Estaintot représente seule aujourd'hui la famille. Elle a pour chef : *Robert-Edmond* LANGLOIS, comte d'Estaintot, demeurant en sa terre des Autels, commune de Fultot, Seine-Inférieure. Il a trois enfants :

> 1.° *Robert-Charles-René-Hippolyte*, vicomte d'Estaintot, qui, de son premier mariage avec mademoiselle *Marie-Elise-Stéphanie-Emilienne* ROBERT DE SAINT-VICTOR, a eu deux enfants :
>
>> A. *Robert-Edmond-Marie-Raoul*, né en 1862;
>>
>> B. *François-Adolphe-Marie-René*, né en 1864;
>
> 2.° *Alice-Edith-Henriette-Marie*, épouse de Paul du Bois DE LA SAUSSAY, sous-chef de traction au chemin de fer de Lyon;
>
> 3.° *Georges-Guillaume-Gabriel-Adrien*, baron d'Estaintot, resté veuf avec une fille issue de son mariage avec *Jeanne-Elisabeth* du RÜEL.

DE LOUVENCOURT

ETTE ancienne maison, originaire de Picardie, qui compte encore des représentants en France et en Belgique, est divisée aujourd'hui en deux branches principales, savoir: celle des seigneurs du Saulchoy, dont on a établi la filiation au tome VII de St-Allais, et celle des seigneurs de la Cour-de-Fief, dont nous allons donner ici, à partir du X° degré, la filiation depuis les preuves de noblesse fournies en 1703.

. X. Messire *Claude-Honoré-Barthélemy* de LOUVENCOURT, chevalier, seigneur de la Cour-de-Fief, Rilleux, Blancourt et autres lieux, enseigne de la colonelle du régiment de Poitou en 1699, fut maintenu dans sa noblesse d'ancienne extraction par jugement de MM. Bignon et de Bernage, intendants de Picardie, rendu à Paris le 6 décembre 1703, sur preuves remontant à Charles de Louvencourt, écuyer, seigneur de Hancourt, vivant en 1525, avec Françoise de Bescot, sa femme. Il épousa à Amiens, en 1702, *Marie-Elisabeth* de HOLLANDE, fille et héritière de messire François de Hollande, écuyer, seigneur de Friaucourt, Bettencourt, Rivière, Courchon, Beaupré, etc., etc., président-trésorier de France et général des finances en Picardie, et de dame Elisabeth-Gorguette d'Argœuves. D'eux sont issus :

> 1.° Messire *Firmin-Claude-François* de LOUVENCOURT, chevalier, seigneur de Bettencourt, Rivière, la Cour-de-Fief, etc., mort sans alliance ;
>
> 2.° Nicolas-Barthélemy, qui suit ;
>
> 3.° Messire *Jean-Marie-Honoré* de LOUVENCOURT, chevalier, seigneur de Dompierre, mort jeune ;
>
> 4.° *Marie-Françoise-Elisabeth* de LOUVENCOURT, mariée à messire *Jean-Gilbert-Christophe* de LINARS, chevalier, seigneur d'Aveluy, Authuile, Le Metz, Division, etc., etc.

XI. Messire *Nicolas-Barthélemy*, marquis de LOUVENCOURT, chevalier, seigneur de Bettencourt, Rivière, Courchon, Beaupré, la Cour-de-Fief, Flixecourt, Rilleux, Dompierre, Mézières, Saleux, Frémoulin, Camp-de-Lessau, Namps-au-Mont, Pied-de-fer, Blancourt, etc., etc., marié à Amiens en 1734 à *Marie-Joachine-Rose* GOUGIER DE SEUX, fille et héritière de messire Jean Gougier de Seux, chevalier, seigneur de Seux, Fluy, Butin, Camp-de-Lessau, etc., etc., lieutenant général criminel d'Amiens, et de dame Marie-Joachine d'Yppre, dame de Fluy. De ce mariage vinrent :

> 1.° Messire *Firmin-Honoré* de LOUVENCOURT, chevalier, seigneur de Bettencourt, Rivière, la Cour-

de-Fief, Flixecourt et autres lieux, officier aux
gardes françaises, mort sans alliance en 1766;

2.° *Jean-François*, qui suit;

3.° Messire *Edouard-Marie-Edme* de LOUVENCOURT,
chevalier, seigneur de Dompierre, Mézières, Frémoulin, etc., etc., lieutenant au régiment du roi,
infanterie, en 1767, mort sans alliance;

4.° *Marie-Joachine-Elisabeth* de LOUVENCOURT, dame
de Flixecourt, la Cour-de-Fief et Camp-de-Lessau,
fondatrice du couvent des dames des Sacrés-Cœurs
de Jésus et de Marie dit des dames de Louvencourt
à Amiens, mourut en odeur de sainteté en ladite
ville en 1778. Il a été publié jusqu'à ce jour quatre
éditions de sa vie.

XII. Haut et puissant seigneur messire *Jean-François*,
marquis de LOUVENCOURT, chevalier, seigneur et châtelain
de Longpré, les Corps-Saints, patron et collateur de plein
droit de toutes les prébendes qui composent le chapitre dudit
Longpré, seigneur de Bettencourt, Courchon, Beaupré,
Condé-Folie, la Cour-de-Fief, Flixecourt, le Rilleux, Hain-
neville, St-Léger, Pos, Camp-de-Lessau, Namps-au-Mont,
Blancourt, etc., etc., lieutenant au régiment du roi, infanterie, en 1766, mort en 1781. Il avait épousé *Marie-Françoise-Joséphine* de WIGNACOURT, dame d'Ourton et de Re-
naucourt, fille puînée de très-haut et puissant seigneur
messire Charles-François, marquis de Wignacourt, baron
de Humbercourt, chevalier, seigneur de Wignacourt, Ourton, Renancourt-lès-Amiens, etc., etc., capitaine au régiment de Mailly, cavalerie, et de dame Marie-Françoise
le Gillon de Grostison. Ils eurent pour enfants:

1.° Haut et puissant seigneur messire *Marie-Fran-
çois-Joseph*, marquis de LOUVENCOURT, chevalier,
seigneur châtelain de Longpré, les Corps-Saints,
seigneur de Bettencourt, Rivière, Courchon, Condé-
Folie, la Cour-de-Fief, Flixecourt, Rilleux, Renan-
court, etc., etc., chevau-léger de la garde du roi en

1788, chevalier des ordres de Saint-Louis et de Saint-Jean de Jérusalem, dit de Malte, eut tous ses biens vendus pour avoir émigré ; il épousa *Françoise-Aglaé-Ide-Félicité* de SAINT-ALDEGONDE, comtesse de Noircarmes, fille unique du comte de Saint-Aldegonde de Noircarmes, vicomte de Bavay, baron de Roisin, Angres et Rieulay, seigneur de Couin, St-Léger, etc., etc., colonel aux grenadiers de France, et de Marie-Charlotte-Amélie du Hamel de Saint-Rémi ; leur postérité, alliée aux de la Cour de Balleroy, de Flines de Fresnoy ; de Gondrecourt, de Revilliasc, d'Arschot-Schoonhoven, Dibarrart-d'Etchegoyen, Avesgo de Coulonges, de Kersaint-Coëtnempren, de Bourcier de Montureux, etc., etc., existe encore en France et en Belgique ;

2.° Messire *Marie-François-Joseph-Désiré* de LOUVENCOURT, chevalier, seigneur de Fluy, chevalier de l'ordre de Saint-Jean de Jérusalem dit de Malte, reçu de minorité en 1781, mort sans alliance ;

3.° *Marie-François-Joseph-Guislain-Aloph*, qui suit ;

4.° *Marie-Françoise-Joséphine* de LOUVENCOURT, mariée, en 1788, au comte de Saint-Aubin de Sandouville, officier supérieur dans la garde du roi ;

5.° *Marie-Françoise-Joséphine-Elisabeth* de LOUVENCOURT, dite mademoiselle de Beaupré, mariée à messire *Pierre-Louis-Robert* de BRIOIS, baron d'Angres, chevalier, seigneur de Neulette, la Mairie, Vimy, etc., etc., chevalier des ordres de Saint-Louis et de Saint-Lazare, officier supérieur de cavalerie, veuf de mademoiselle du Poulpry ;

6.° *Marie-Françoise-Joséphine-Charlotte* de LOUVENCOURT, dite mademoiselle d'Ourton, mariée à messire *Charles-Marie* du GARD, chevalier, seigneur de Sains, Bienval, etc. ;

7.° *Marie-Louise-Françoise-Joséphine* de LOUVEN-

court, dite mademoiselle de Noyélles, mariée à
messire *Pierre* du Maisniel, vicomte d'Applaincourt, chevalier, seigneur de la Triquerie, Ouville,
Bellifontaine, etc., etc., officier supérieur de cavalerie, chevalier de Saint-Louis;

8.º *Marie-Françoise-Joséphine-Charlotte-Philippine*
de Louvencourt, mariée à messire *Jean-Baptiste-
Marc* Houdouart, vicomte de Thièvres, chevalier
de Saint-Louis.

XIII. Messire *Marie-François-Joseph-Guislain-Aloph*,
comte de Louvencourt, chevalier, seigneur de Seux, Fluy et
autres lieux, reçu chevalier de l'ordre Saint-Jean de Jérusalem dit de Malte en 1781, mariée à *Emilie* de Carpentin
de Cumont, fille de messire Jean de Carpentin, chevalier, seigneur de Lorrière au Perche, lieutenant-colonel de cavalerie,
chevalier de Saint-Louis, et de dame Françoise-Joséphine de
Carpentin, dame de Gapennes, Cumont, Hanchy, Festel,
Penerville, Coulonvillers, le Ménage, Fresneville, Mons,
Neuville-au-Cornet, le Four, etc., etc.

XIV. *Marie-François-Aloph*, comte de Louvencourt,
décédé en 1875 en son château du Quesnoy-sur-Airaines,
avait épousé en 1835 *Marie-Antoinette-Sydonie* du Maisniel d'Applaincourt, sa cousine germaine, dont :

1.º *Marie-Jules-Adrien*, qui suit;

2.º *Marie-Albertine-Edmée* de Louvencourt, marié
à *Hyacinthe-Louis-Joseph*, baron Mariani, colonel du 26ᵉ régiment de Dragons, chevalier des
ordres de la Légion d'honneur, de Saint-Maurice et
Saint-Lazare et de la valeur militaire d'Italie.

XV. *Marie-Jules-Adrien*, comte de Louvencourt, habi-
tant le château de Seux, près d'Amiens, marié en 1870 à
Julienne de Louvel d'Ault du Mesnil, fille unique de Louis-
Édouard de Louvel de la Cour d'Auneuil dit d'Ault du
Mesnil (de la branche aînée de l'ancienne maison de Louvel,
dont la branche cadette porte aujourd'hui le nom de Lupel)

et de dame Eugénie Tillette de Clermont-Tonnerre de Thoury. De cette alliance naquirent :

    1.º *Charles-Marie-Aloph*, né en 1875 ;

    2.º *Louise-Marie-Elisabeth*, née en 1873.

ARMES : *D'azur, à la fasce d'or, chargée de trois merlettes de sable et accompagnée de trois croissants d'or, deux en chef, un en pointe.*

TIMBRE : *Couronne de marquis.*

SUPPORTS : *Deux lévriers*, alias *deux lions.*

La branche de Picardie porte : *Ecartelé : au 1 et 4,* de LOUVENCOURT; *au 2 et 3, d'argent, à trois fleurs de lis de gueules, au pied nourri,* qui est de CARPENTIN.

TIMBRE : *Couronne de marquis.*

SUPPORTS : *Deux sauvages, homme et femme.*

CIMIER : *Une Renommée tenant une banderolle sur laquelle on lit :* A TOUT.

OUVRAGES A CONSULTER.

Nobiliaire de Picardie, par Haudicquier de Blancourt. — Le *Dictionnaire de la noblesse,* par de la Chenaye-Desbois. — *Armorial général* de d'Hozier. — *Nobiliaire de Picardie, Artois et Flandre,* par Roger. — Le *Nobiliaire universel,* par de Courcelles.

BROCHARD DE LA ROCHEBROCHARD

—

L a *généalogie* de cette ancienne famille, mentionnée au tome IV de Saint-Allais, s'arrête, quant à la seconde branche, au XI° degré par Philippe-Xavier Brochard de la Rochebrochard, qui suit. Nous allons la reprendre à ce point pour la continuer jusqu'à ce jour.

XI. *Philippe-Xavier* Brochard de la Rochebrochard, né le 12 avril 1781, fils de François-Xavier-Joseph, titré baron d'Auzay et figurant comme tel aux assemblées de la noblesse du Poitou pour l'élection des députés aux États généraux de 1789.

Chevau-léger de la garde du roi, il reçut, le 1ᵉʳ juillet 1814, son brevet de lieutenant de cavalerie :

« Aujourd'hui, 1ᵉʳ juillet 1814, le roi étant à Paris, pre-
« nant en entière confiance la valeur, la bonne conduite et la
« fidélité du sieur Philippe-Xavier, comte de Brochard de
« la Rochebrochard, chevau-léger de sa garde, Sa Majeste
« lui a conféré le grade de lieutenant de cavalerie pour tenir
« rang à dater du 1ᵉʳ juillet 1814.
« Mande Sa Majesté à ses officiers généraux et autres à qui
« il appartiendra de reconnaître le sieur comte de Brochard
« de la Rochebrochard en cette qualité.

« Par ordre du roi :

« *Le ministre secrétaire d'Etat de la guerre,*

« Maréchal duc de Feltre.

« N° 7402. — Ministère de la guerre à Paris. »

Depuis lors il porta, et ses descendants ont toujours porté après lui, le titre de comte de la Rochebrochard.

De *Cécile* de Berthelin de Montbrun, il eut :

    1.º *Adrien-Xavier*, mort en bas âge ;

    2.º *Evremond-Xavier*, qui suit ;

    3.º *Charles-Xavier*, qui suit ;

    4.º *Françoise-Cécile-Amélie*, mariée au baron du Pâtural.

XII. *Evremond-Xavier*, comte de Brochard de la Rochebrochard, né à Aiffres, le 14 septembre 1806, lieutenant de vaisseau, épousa, le 1er février 1836, *Marie-Armande-Octavie* Guyon de Guercheville, dont :

    Xavier-Louis-René, mort célibataire en 1860.

XII. *Charles-Xavier*, vicomte de la Rochebrochard, né à Aiffres le 14 janvier 1808, sous-lieutenant de cavalerie en 1829, donna sa démission en 1830. Marié, le 1er octobre 1838, à sa cousine germaine *Marie-Louise-Zénaïde* de Brochard de la Rochebrochard, fille de Charles-Xavier et de demoiselle Clémentine de Gourjault, dont il eut :

    1.º *Georges-Henri-Xavier*, qui suit ;

    2.º *Raoul-Clément-Xavier*, qui suit ;

    3.º *Alfred-Henri-Xavier*, qui suit ;

    4.º *Caroline-Marie-Thérèse*, morte jeune ;

    5.º *Charles-Xavier*.

XIII. *Georges-Henri-Xavier*, comte de Brochard de la Rochebrochard, né à Etrie le 1er octobre 1839, épousa à Caen, le 22 mai 1867, demoiselle *Aline-Marie-Renée* d'Hugleville, fille de Léon d'Hugleville et de demoiselle Isabelle Leforestier d'Osseville.

XIII. *Raoul-Clément-Xavier*, vicomte de la Rochebrochard, né le 16 octobre 1840, fut zouave pontifical, puis commandant des mobiles des Deux-Sèvres en 1870-71, chevalier de la Légion d'honneur et de Pie IX, épousa à Paris, le 2 juin 1874, demoiselle Alix de Ladmirault, fille de Paul de Ladmirault, général de division, gouverneur de Paris, et de demoiselle de Champ de Saint-Léger.

XIII. *Alfred-Henri-Xavier*, baron de la Rochebrochard, né le 16 avril 1842, marié le 29 septembre 1868 à demoiselle *Jeanne-Juliette* de Terves, fille du comte L. de Terves et de demoiselle Brunet de Montreuil, dont :

    1.º *Marie-Thérèse-Emerance ;*

    2.º *Claire-Georgette ;*

    3.º *Madeleine-Aline-Marie ;*

    4.º *Xavier.*

PALUSTRE

—

Saint-Allais, au tome XIII de son *Nobiliaire*, en ce qui touche la deuxième branche de cette famille, établie à Saint-Maixent, s'arrête au IXe degré par Pierre-Etienne Palustre, qui suit. Nous reprenons à ce degré la filiation de cette branche pour la continuer jusqu'à l'époque actuelle.

Branche établie à Saint-Maixent.

IX. *Pierre-Étienne* Palustre de Fond-Villiers, né le 24 février 1767, émigra en 1791 et fit deux campagnes ; il servit ensuite dans la Vendée, où il fut fait prisonnier et conduit à Paris. Après sa délivrance, il fut nommé maire de la 'commune de Romans en Poitou, où il sut maintenir la plus grande tranquillité ; il s'opposa pendant plus de trois mois à ce que le drapeau tricolore fût placé dans sa commune, et il n'y fut dans la suite arboré que par la force. Il mourut à Paris en 1847. Il avait épousé en 1798 *Marie-Ursule* d'ORFEUILLE, de laquelle il eut :

    1.º *François-Léon,* qui suit ;

    2.º *Achille,* qui suivra ;

    3.º *Anne-Zemma,* décédée en 1853 ;

    4.º *Rosalie-Léonilla,* décédée en 1827 ;

X. *François-Léon* PALUSTRE, né à Saint-Maixent (Deux-Sèvres) le 29 brumaire an VIII (19 novembre 1800), garde du corps surnuméraire dans la compagnie d'Havré, le 26 décembre 1815, avec rang de sous-lieutenant ; lieutenant, même compagnie, le 1ᵉʳ juillet 1820 ; garde du corps de 1ʳᵉ classe, le 26 juin 1822 ; capitaine le 1ᵉʳ juillet 1828, compagnie de Croy ; a accompagné le roi Charles X à Cherbourg en 1830. Le 25 août, il fut mis en congé illimité à Saint-Lô, puis reconnu capitaine de cavalerie le 1ᵉʳ octobre, pour prendre rang à partir du 11 août précédent. Nommé capitaine d'infanterie au 50ᵉ de ligne, le 16 décembre 1830, il fit en cette qualité le siége d'Anvers en 1832. Il mourut à Metz, le 13 juin 1837.

De son mariage avec *Marie* DAGUIN, petite-fille de François-Laurent Daguin de la Roche, dernier maire élu par les notables de la petite ville de Saint-Maixent, sont issus :

    1.º *Jules-Léon,* qui suit ;

    2.º *Louis-Marie-Léon* PALUSTRE, né à Saivre, le 4 février 1838, a épousé le 12 janvier 1869 *Marie-Augustine-Félicie-Marguerite* PALUSTRE, descendant comme lui, au septième degré, de Bernard Palustre, écuyer, seigneur de Montifault, decédé en 1623.

    Louis-Marie-Léon, avocat, homme de lettres, en dehors de sa collaboration à diverses revues, a publié les ouvrages suivants : 1º *De Paris à*

Sybaris, études artistiques et littéraires sur Rome et l'Italie méridionale, 1 vol. in-8°, Paris, 1868 ; 2° *Album de l'exposition rétrospective des Beaux-Arts de Tours*, 1 vol. in-fol., 1873 ; 3° *Adam, mystère du* XII° *siècle*, *texte critique accompagné d'une traduction*, Paris, 1877, petit in-4°.

XI. *Jules-Léon* PALUSTRE, né le 8 octobre 1835 à Saivre (Deux-Sèvres) ; engagé à l'âge de 17 ans dans le 3° dragons, s'est retiré comme maréchal des logis quelques années après. Il commanda en 1870 le bataillon des gardes nationaux mobilisés des quatre communes de Fontevrault, Montsoreau, Parnay et Turquand (Maine-et-Loire). Le 22 juillet 1862, il épousa *Arsène-Eugénie-Isabelle* COURTADE, dont :

1.° *Jules-François-Alexandre,* né le 20 août 1865 ;

2.° *Bernard-Joseph,* né le 8 juillet 1870 ;

3.° *Hélène-Marie,* né le 29 juin 1872.

X. *Achille* PALUSTRE, né à Saint-Maixent, le 10 mai 1802, maire de Saivre de 1842 à 1856, puis maire de Nanteuil de 1857 à 1867, est décédé le 18 décembre de cette dernière année. De son mariage avec *Louise-Coralie* SERVANT, appartenant à l'une des plus anciennes familles de la magistrature du Poitou, sont issus :

1.° *Pierre-Léopold,* qui suit ;

2.° *Louis-Alfred* PALUSTRE, né à Saint-Maixent, le 29 octobre 1832, aujourd'hui contrôleur hors classe des contributions directes et du cadastre à Saumur, a épousé le 1ᵉʳ juin 1858 *Alix* MORILLON, dont :

    A. *Alfred-Marie-Louis,* né à Saumur, le 23 mai 1860 ;

    B. *Marthe - Marie-Alix,* née à Saumur, le 6 juillet 1861 ;

    C. *Marie-Thérèse,* née à Saumur, le 30 mars 1863.

XI. *Pierre-Léopold* PALUSTRE, né à Saint-Maixent le 4 mars 1831, aujourd'hui receveur des domaines à Saumur, a épousé le 30 avril 1861 *Emilie* FOUCQUETEAU, de laquelle il a :

> *Paul-Henri-Marie-Louis* PALUSTRE, né à Saint-Florent, près de Saumur, le 6 août 1863.

Branche établie à Fontenay-le-Comte.

IX. *Dominique-Louis* PALUSTRE DE VIRSAY, frère puîné de Pierre-Étienne, mentionné au IXe degré, naquit à Saint-Maixent le 27 juin 1769. Il entra au service de la marine le 10 mai 1785 et servit à bord de la *Licorne* jusqu'au 8 octobre 1791, époque de son émigration. A la rentrée des Bourbons, il reçut le grade de capitaine d'infanterie sans en exercer les fonctions et fut nommé chevalier de Saint-Louis. Successivement maire de Melle, sous-préfet intérimaire de la même ville, lieutenant de gendarmerie, il mourut à Saintes le 16 décembre 1841. De son mariage avec *Jeanne-Marie* GIGOU DE LA CROIX sont issus :

> 1.° *Charles-Calixte*, qui suit ;
> 2.° *Louise*, née à Melle, le 7 octobre 1811.

X. *Charles-Calixte* PALUSTRE DE VIRSAY, né à Melle le 17 octobre 1807, a épousé le 7 juin 1831, à Fontenay-le-Comte, *Henriette-Esther* de GRIMOUARD, dont :

> 1.° *Louis-Alphonse*, qui suit :
> 2.° *Marie*, née à Fontenay-le-Comte le 30 novembre 1839, mariée le 9 novembre 1858 à *Antonin-Auguste-Louis* de VILLEDON.

XI. *Louis-Alphonse* PALUSTRE DE VIRSAY, né à Fontenay-le-Comte le 15 octobre 1834, a épousé à Vassy-sur-Blaise (Haute-Marne) *Lucie-Joséphine-Antonine* de MORISSON. De ce mariage sont nés :

1.° *Louis-Henri-Prosper*, né à Vassy le 27 juin 1865;

2.° *Marie-Berthe-Françoise-Esther*, née à Fontenay-le-Comte le 31 mai 1873.

Branche établie à Tours.

Pierre-Paul-Barthélemy PALUSTRE, écuyer, seigneur des Ardilliers et du Couteau, conseiller au siége royal de Niort, de *N...* ROUGET DE GOURCEZ, son épouse, eut trois fils :

1.° *Mathieu* PALUSTRE, docteur en médecine à Poitiers, marié à *Lucile* TRIBERT, décédé sans enfants, le 30 janvier 1842;

2.° *Antoine-Louis-Auguste*, marié en 1806, à *N...* LAIDIN DE LA BOUTERIE, décédé en 1859 sans enfants mâles;

3.° *Joseph*, qui suit;

I. *Joseph* PALUSTRE, né à Niort le 23 avril 1779, maire de Saint-Symphorien, près de Tours, décédé le 22 juin 1850. De son mariage avec *Augustine* DESCHAUFFOUR-LONGCHAMPS sont issus :

1.° *Léonide*, né à Tours en 1810, décédée religieuse des dames de la Présentation, le 27 juin 1852;

2.° *Ernest*, qui suit;

II. *Ernest* PALUSTRE, conseiller d'arrondissement, maire de Saint-Symphorien, marié le 20 janvier 1846 à *Félicie* MAURICE. De cette alliance sont issus :

1.° *Marie-Augustine-Félicie-Marguerite*, née le 11 janvier 1847, mariée le 12 janvier 1869 à *Louis-Marie-Léon* PALUSTRE, dont il a été question plus haut;

2.° *Berthe-Monique*, née le 8 décembre 1847, mariée le 29 mai 1872 à *Raphaël* GIRARD DE VASSON, officier de marine;

3.° *Henry-Louis-Ernest*, né le 9 septembre 1851.

DE COURTEN

—

LE tome XII, page 297, du *Nobiliaire universel de France* par Saint-Allais, au sujet de cette famille, ne renferme que cette simple mention : « COURTE DE LA BOUGATRIÈRE, au Maine, originaire des Hautes Allemagnes. »

Cette famille méritait une notice plus étendue et plus digne d'elle. Il est probable que lorsque le vol. XII parut, Saint-Allais n'avait pas encore reçu les documents nécessaires à cet égard. Dans la continuation à son œuvre, nous comblerons donc la lacune, d'après les pièces et les mémoires fournis par la famille elle-même.

Vers la fin du XIVe siècle, plusieurs membres de la famille de COURTEN ou COURTE, suivant la manière d'écrire le nom en France, quittèrent la Suisse, où elle était établie depuis longues années, et vinrent offrir leurs services au roi de France, qui combattait alors les Flamands révoltés. L'un d'eux, *Guillaume*, vint à Laval avec *Guy*, XIIe du nom, en 1397 (1). Il y exerça la charge de trésorier du comté-pairie de Laval de 1444 à 1477, selon la généalogie manuscrite de l'abbé Duchemin de la Gimbertière.

Guillaume épousa Jeanne Enjubault, dont il eut :

1.º *Guy ;*

2.º *Guillemine ;*

3.º *Jean.*

---

(1) Après plusieurs siècles de séparation, la réunion et la reconnaissance des deux branches de la famille eurent lieu dans un banquet donné à Vitré en 1772, lors du passage du régiment suisse de Courten pour aller tenir garnison à Lorient.

Jean, disent les chroniqueurs du temps, « fit avec *Guy*,
« XIVe du nom, plusieurs voyages en Hollande, d'où il ra-
« mena des tisserands, pour introduire à Laval la fabrication
« des toiles. Il fit venir aussi des lins pour semer et avoir
« dans le pays tout ce qui était nécessaire au commerce et à
« l'industrie de la toile. »

Jean se fit religieux de Saint-Dominique au couvent des
Jacobins de Laval, pour lequel il donna 1,200 florins d'or,
soit environ 54,000 francs de notre monnaie actuelle. Il
mourut en 1511 et fut inhumé dans la chapelle qu'il avait
fondée, pour sa sépulture et celle de sa famille.

En 1694, *René* Courte, descendant de Guy, chef de sa
branche, recevait en dot de *Renée* DE LA HAUTEMAISON, son
épouse, la seigneurie de la Bougatrière, en la paroisse de
Saint-M'Hervé, au diocèse de Rennes, et se fixait en Bretagne. Ses descendants possèdent encore cette terre.

La branche est actuellement représentée par *Jean-Baptiste-
Marie*, comte de Courte, né le 18 août 1801, marié le
26 avril 1854 à *Elisabeth-Christine-Anne*, marquise Riario
Sforza, fille d'Antoine, marquis Riario Sforza, ministre
plénipotentiaire de S. M. le roi de Naples et d'Isabelle Lock-
hart de Lee, Ecosse.

De ce mariage :

> 1.° *Henriette-Marie-Thérèse-Béatrix-Isabelle*,
> filleule de Monseigneur le comte de Chambord et
> de Son Altesse royale madame la comtessé de
> Chambord, née le 9 octobre 1856 ;
>
> 2.° *Louis-Antoine-Marie-Joseph-Henri*, né le
> 3 octobre 1858.

ARMES : *D'azur, à la fasce d'or, accompagnée de trois
besants de même, 2 et 1.*

TIMBRE : *Couronne de comte.*

TITRE : *Comte du Saint-Empire romain, suivant di-
plôme en date du 20 mai 1742.*

FORGEMOL DE BOSTQUÉNARD (1)

—

Ancienne famille d'épée, originaire de la Souterraine, province de Limousin (2). L'honorabilité de ses services lui valut l'anoblissement au mois de mai 1775, et un de ses membres fut nommé vicomte le 10 juin 1829 par S. M. le roi Charles X, en récompense de son dévouement à la royauté pendant et après la Révolution.

Cette famille compte cinq chevaliers de Saint-Louis, un chevalier du Lys, plusieurs membres de la Légion d'honneur, dont un commandeur, et de nombreux officiers dans le régiment de Saint-Germain-Beaupré (1610-1680), dans les gardes du corps, compagnie de Villeroy (1741-1776), dans la compagnie d'ordonnance des gendarmes d'Artois (1748-1778), dans l'armée de Condé (1791-1795), dans les armées de terre et de mer (de 1789 à nos jours). De plus, un de ses membres est actuellement général de brigade et remplit les fonctions de chef d'état-major général auprès de S. A. R. Monseigneur le duc d'Aumale, commandant en chef le 7ᵉ corps d'armée.

Cette famille forme actuellement deux branches : celle des *de Bostquénard du Coudert* et celle des *de Bostquénard de Crosmont*.

Alliances :

De Niort, — Mestadier du Peyrat, — de Bonneuil, — de Morat, — de Lages, — de Jouhet, — Mondain de Montostre,

---

(1) *Alias* de Beauquénard.

(2) Elle avait sa sépulture dans la nef de l'église paroissiale de la Souterraine, ce qui atteste son importance d'autrefois.

— de Vollondat, — de Saint-Viance, — Bétolaud du Drut, — Bétolaud de Lascoux, — de Tessières de Boisbertrand, — Gigaud de Saint-Martin, — de Villemoune, — Gravelat de Montlebeau, — Choppy des Granges, — de Laforest, — de Monneron, — de Puyfferrat, — Marchandon du Triat, etc.

ARMES : *D'azur, à la fasce d'argent, chargée de deux molettes d'éperon de gueules, et accompagnée en pointe d'un vol d'épervier d'argent.*

SUPPORTS : *Deux licornes.*

TIMBRE : *Couronne de comte.*

DEVISE : *Ad alta virtute.*

AUTEURS ET SOURCES A CONSULTER.

Indicateur de d'Hozier, — *Dictionnaire des anoblissements* de Gourdon de Genouillac, et celui de Louis Paris (1). — *Aventures et Combats* de Louis Garneray. — Archives nationales. — Bibliothèque nationale. — Archives du ministère de la guerre et des préfectures de Limoges, de Guéret et de Poitiers.

---

(1) Gourdon de Genouillac et Louis Paris ont commis deux erreurs qu'il convient de relever ici : le premier, en enregistrant l'anoblissement de cette famille comme il suit : « Fergennol du Condé (François), lettres patentes de 1775, » au lieu de : Forgemol du Coudert ; le second, en signalant *comme ayant été anobli en* 1829 Forgemol du Coudert (André-Sylvain), alors qu'il ne s'agissait pour ce dernier que *de sa collation du titre de vicomte,* l'anoblissement ayant été conféré à sa famille cinquante ans auparavant.

DANIEL

—

Branche de Vauguion.

L A généalogie de cette famille, originaire de la Normandie, a été dressée dans le tome VIII, p. 188, du *Nobiliaire universel de France* de Saint-Allais. Nous en reprenons la filiation à Nicolas Daniel, auteur de la Branche de Vauguion, et 4ᵉ fils de Jacques, IIIᵉ du nom, pour la continuer jusqu'à nos jours.

V. *Nicolas* Daniel, Iᵉʳ du nom, capitaine de cavalerie, partagea avec ses frères la succession paternelle, le 13 janvier 1595, et vint s'établir en Lorraine. De *Françoise* Le Monnier, sa femme, il eut :

VI. *Nicolas* Daniel, IIᵉ du nom, trésorier de France à Metz, qui épousa en 1667 *Edme* de Chauchal, d'où :

    1.º *Joseph* Daniel, qui suit;

    2.º *N...* Daniel, garde des sceaux du roi Stanislas. Sa postérité, demeurée en Lorraine, s'y est éteinte.

VII. *Joseph* Daniel, seigneur de Beauvais, greffier en chef du Parlement de Metz, s'établit dans le Maine en 1770 et y épousa *Marie* de Mantiat, dont il eut :

    1.º *Joseph-Antoine* Daniel, seigneur de Pernay, auteur de la branche des Daniel de ce nom;

    2.º *Louis-François* Daniel, qui suit, seigneur de Beauvais, Vauguion, etc., auteur de la branche des Daniel de Vauguion;

    3.º *François-Médard* Daniel, seigneur de Séfond, auteur de la branche des Daniel de ce nom, qui s'est éteinte en la personne de Henriette Daniel de Séfond, marquise de la Bigne.

VIII. *Louis-François* Daniel de Beauvais, né le 6 mai 1720, seigneur du Gros-Chenay, de Vauguion, de la Beunêche, et des paroisses de Spay, Fillé et Roëzé, épousa, le 10 janvier 1752, *Françoise-Marthe* Plumard de Rieux, dont il eut :

1.º *Louis-Marie* Daniel de Beauvais, né en 1755, seigneur du Gros-Chenay, etc., capitaine de dragons, mousquetaire du roi (1774), fit partie de l'assemblée du Maine (1789) et fut déporté à Sinnamary le 18 fructidor an III (4 septembre 1793). Il rédigea, comme membre de la Société des arts du Mans (1803), une statistique de la commune de Fillé, déposée aux archives de cette Société, et mourut en 1806 sans alliance.

2.º *Adélaïde-Victoire-Léocadie* Daniel de Beauvais, née en 1760, qui épousa (1782) *Gérome-Richard-Bon* de Fontaine, baron de Saint-Victor, dont :

A. *Henriette* de Fontaine de Saint-Victor, mariée à N..., comte de Perrochel, dont sont issus :

a. *Thaïs* de Perrochel, mariée à Amblard, comte de Beaumont, et qui eut :

Marie de Beaumont, qui épousa *Alfred*, comte de Noailles, le 29 avril 1852.

b. *Marthe-Françoise-Léocadie* de Perrochel, qui épousa, le 12 juin 1824, *Louis-Marie-Auguste-Bernard* de Johanne de Lacarre, marquis de Saumery, capitaine de cavalerie, membre du conseil général de Loir-et-Cher, et qui eut :

A. *Marthe-Mathilde* de Johanne de Lacarre de Saumery, mariée, le 12 janvier 1846, à Louis-César, comte de Kergolay ;

B. *Valentine-Hortense* de Johanne de Lacarre de Saumery, mariée en juin 1850 à *Louis - Marie-Augustin* Morisson, comte de la Bassetière;

C. *Pauline-Eugénie-Noémie* de Johanne de Lacarre de Saumery, mariée à *Raymond* Hay, comte des Nétumières;

3.º *Joseph-Aimé* Daniel de Vauguion, qui suit.

IX. *Joseph-Aimé* Daniel de Vauguion, né en 1754, mousquetaire du roi, officier de cavalerie, membre du conseil général de la Sarthe, mort au Mans en 1811, a épousé en 1789 *Rose-Sainte-Elisabeth* Richard de Beauchamp, fille de Toussaint-Augustin Richard de Beauchamp et de Jeanne-Elisabéth de la Chevière. De ce mariage sont issus :

1.º *Félix-Louis* Daniel de Vauguion, qui suit;

2.º *Aimé* Daniel de Vauguion, né en avril 1796, garde du corps du roi, compagnie de Luxembourg, capitaine des chasseurs de la Vendée, chevalier de la Légion d'honneur, qui épousa, le 8 mars 1825, *Eudoxie* des Ligneris, fille d'Augustin, vicomte des Ligneris, et d'Agathe du Roux de Réveillon. De cette union naquirent :

A. *Charles-Jean-Théodore-Toussaint* Daniel de Vauguion, né le 19 juillet 1826, capitaine aux tirailleurs algériens, chevalier de la Légion d'honneur le 26 décembre 1859, officier dudit ordre à Puébla, Mexique, le 9 juin 1864; prit part à la guerre de 1870 en qualité de général auxiliaire; commandeur de la Légion d'honneur en 1871; a épousé, le 8 janvier 1866, *Charlotte* Goupil de Prefeln.

B. *Marie-Agathe-Nelly* Daniel de Vauguion, née le 30 juin 1833, mariée le 17 janvier 1854 à *Robert* Cardin le Bret, fils de Henri Cardin

le Bret et d'Estelle Bigot de la Touanne,
dont :

> *a. Cécile* LE BRET, née le 14 novembre 1854;
>
> *b. Henri* CARDIN LE BRET, né le 30 juillet
> 1856;
>
> *c. Suzanne* LE BRET, née le 9 novembre
> 1857;
>
> *d. Claire* LE BRET, née le 22 décembre 1858;
>
> *e. Louis* CARDIN LE BRET, né le 30 juin 1863;
>
> *f. Marie-Louise* LE BRET, né le 31 juillet
> 1864.

3.° *Fortuné-Auguste* DANIEL DE VAUGUION, né le 26
mai 1800, officier de la Légion de la Sarthe, a
épousé, le 17 décembre 1821, *Adèle* DU HARDAZ
D'HAUTEVILLE, fille de Charles Du Hardaz, marquis
d'Hauteville, et d'Agathe d'Houllière de la Jupel-
lière. De cette alliance vinrent :

> A. *Stanislas-Charles* DANIEL DE VAUGUION, né le
> 4 mai 1825, lieutenant de vaisseau, chevalier
> de la Légion d'honneur, à Bomarsund, le
> 17 septembre 1854, décoré des médailles de
> Bomarsund et de Crimée, prit part à la guerre
> de 1870 en qualité de commandant de l'artil-
> lerie du 21e corps d'armée, officier de la Légion
> d'honneur sur le champ de bataille, à Marche-
> noir, député du département de la Mayenne à
> l'Assemblée nationale, le 8 février 1871, maire
> de Cossé-le-Vivien, a épousé, le 23 juillet 1855,
> *Amélie* LEMOYNE DE LA BORDERIE, et est mort
> sans enfants, à Versailles, le 20 avril 1871;
>
> B. *Félix-Alexandre* DANIEL DE VAUGUION, né
> le 1er août 1828, a épousé, le 19 janvier 1864,
> *Marie-Berthe* LETOURNEUX DE LA PERRAUDIÈRE,
> fille d'Adolphe-René Letourneux de la Perrau-

dière et d'Eulalie-Marie de Grimaudet de Ro-
chebouët. De ce mariage naquit :

> a. *Guillaume-René* DANIEL DE VAUGUION,
> né-le 25 septembre 1867.

X. *Félix* DANIEL DE VAUGUYON, né le 2 octobre 1790,
député de la Sarthe, mort en janvier 1849, a épousé, en janvier 1813, Pauline de Malherbe, fille de Joseph-Charles-
Louis, comte de Malherbe, seigneur de Poillé, capitaine de
cavalerie, chevalier de Saint-Louis, et de Jeanne de la Porte
de la Houssaye. De ce mariage sont nés :

> 1.° *Toussaint-Adolphe* DANIEL DE VAUGUYON, qui
> suit;

> 2.° *Charlotte* DANIEL DE VAUGUYON, née en 1821,
> mariée en décembre 1844 à *Paul* HENNET, géné-
> ral d'artillerie, commandeur de la Légion d'hon-
> neur. De cette union vinrent :

>> A. *Paul-Félix-Etienne* HENNET, né en 1846,
>> mort sans alliance, le 13 août 1874 ;

>> B. *Marguerite* HENNET, mariée le 24 décembre
>> 1872, à *Georges* DE ROINCÉ, chef d'escadron
>> d'artillerie, chevalier de la Légion d'honneur ;

>> C. *Maxime* HENNET, né en 1856.

XI. *Toussaint-Adolphe* DANIEL DE VAUGUYON, né en
1814, a épousé, en 1849, *Thérèse* de SAPINAUD DE BOIS-
HUGUET, fille de Jules de Sapinaud de Boishuguet et de
Thomassine Guéhery. De cette alliance vinrent :

> 1.° *Marie* DANIEL DE VAUGUYON, née le 21 mai 1850,
> religieuse de l'Assomption, morte à Lyon le 2 juil-
> let 1871 ;

> 2.° *Michel* DANIEL DE VAUGUYON, qui suit;

> 3.° *Madeleine* DANIEL DE VAUGUYON, née en novembre
> 1856 ;

> 4.° *François* DANIEL DE VAUGUYON, née le 4 août
> 1858.

XII. *Michel* Daniel de Vauguyon, né le... 1853, sous-lieutenant au 71° régiment d'infanterie en 1871.

Armes : *De gueules, à la bande d'argent, chargée de trois molettes d'éperon de sable et accompagnée de deux lions d'or; l'un en chef, l'autre en pointe.*

COLAS DE LA NOUE .

—

Branche Colas de Brouville de la Noue.

Dans le tome VII, p. 84, du *Nobiliaire universel de France,* cette branche s'arrête à

XIV. *Jacques* Colas de Brouville de la Noue. Il naquit le 8 février 1787, et épousa, avec dispenses et par contrat du 19 mars 1811, reçu par Courmont, notaire à Orléans, *Thérèse-Edwige* Vandebergue, fille de Claude Vandebergue, écuyer, sieur de Champguérin, et de Natalie Miron de Saint-Germain. Nommé chevalier de la Légion d'honneur le 29 juillet 1826 et président de chambre à la Cour royale d'Orléans le 21 octobre 1829, il donna sa démission lors de la révolution de 1830, et décéda à Paris le 11 mai 1855. Il avait épousé en secondes noces, le 11 février 1828, Marie-Antoinette Delaroche. Ses enfants furent :

Du premier lit :

1.° *Jacques-Gustave,* né le 16 février 1812, mort le 18 février 1838, à l'âge de 26 ans, auteur du poëme

Enosh, publié l'année suivante avec une biographie par Mme Mélanie Waldor;

2.º *Louis-Ernest,* qui suit.

Du second lit :

3.º *François-Henri* COLAS DE LA NOUE BILLAULT, né le 20 décembre 1828, officier de la Légion d'honneur, conseiller d'État et secrétaire général du Conseil d'Etat sous l'Empire, puis vice-président du Conseil général de la Loire-Inférieure; marié le 28 juillet 1855 avec *Marie* BILLAULT, fille de S.-E.-M. Billault, sénateur, ministre d'Etat, grand'croix de la Légion d'honneur, etc. Son contrat de mariage a été signé par l'empereur Napoléon III. Par décret en date du 17 février 1864, il a été autorisé à joindre à son nom celui de son beau-père.

4.º *Jean-Antoine* COLAS DE LA NOUE, né le 1er mai 1842, successivement secrétaire général des préfectures de la Lozère, de l'Ain, de la Sarthe, puis sous-préfet de Rocroy, démissionnaire le 4 septembre 1870, a épousé le 20 avril 1870 Emma Belloc, dont il eut :

A. *Emmanuel-Paul-Irénée,* né le 7 février 1871 ;

B. *Madeleine-Jeanne-Henriette,* née le 21 mars 1872 ;

C. *Marie-Gustave-Henri,* né le 14 novembre 1874.

XV. *Louis-Ernest* COLAS DE BROUVILLE DE LA NOUE, né le 26 septembre 1814, a épousé le 4 février 1839 *Marie-Anaïs* VALLÉE, décédée le 4 septembre 1841, fille de Philippe-François-Antoine Vallée, chef de bataillon dans l'arme du génie, chevalier de Saint-Louis et de la Légion d'honneur, et de dame Anne-Angélique-Eulalie de Lamandé, petite-fille de François-Laurent de Lamandé, inspecteur général des ponts et chaussées, chevalier de l'ordre royal de Saint-Michel, et de Gabrielle-Angélique Jacobsen. De ce mariage est issu un fils unique, qui suit :

XVI. *Jacques-Edouard* Colas de Brouville de la Noue, né le 31 juillet 1841, docteur en droit, successivement substitut à Sarlat, Niort, le Mans, démissionnaire le 9 septembre 1870, puis procureur de la République près les tribunaux de Baugé, Cholet, Laval, et nommé substitut du procureur général près la Cour d'appel d'Angers, par décret du 18 juillet 1877, a épousé, le 10 janvier 1870, *Louise-Marie-Mathilde* Poriquet, fille de Charles-Gabriel Poriquet et de Gabrielle-Honorine Boussenot, arrière-petite-fille de Jean-Gabriel Poriquet, avocat au Parlement de Paris, défenseur de la reine Marie-Antoinette, chevalier de l'Empire, officier de la Légion d'honneur, conseiller à la Cour de cassation, et nièce de M. Poriquet, préfet de l'Empire, officier de la Légion d'honneur, élu sénateur par le département de l'Orne le 30 janvier 1876.

De ce mariage sont issus :

1.° *Charles*, né le 18 octobre 1870;

2.° *Marguerite-Marie-Anne-Eugénie*, née le 29 décembre 1873;

3.° *Louis-Roger-Philippe*, né le 31 mars 1876.

Armes : *D'or, au chêne de sinople terrassé de même, au sanglier passant de sable brochant sur le fût de l'arbre.*

Devise : *Ulterius ardet.*

DE GÉRARD DU BARRY

—

AMILLE noble, originaire de Majorque, établie en Périgord à la fin du xv° siècle.

I. Noble *Pons-Jérôme* de GÉRARD, allié le 31 janvier 1510 à *Catherine* de CARBONNIÈRES DE JAYAC, dont il eut :

    1.° *Antoine*, allié à Jeanne de Lidon ;

    2° *François*, allié à Catherine d'Uzerche ;

    3.° *Aymar* ou *Homer*, général des aides du Languedoc, allié à Jeanne de Fontès ;

    4.° *François*, qui suit.

II. Noble *François*, Iᵉʳ du nom, de GÉRARD, écuyer, seigneur de Falgueyrac et Pérignac, lieutenant général, chef de justice de la sénéchaussée de Sarlat, allié en 1555 à *Claude* de BLANCHER, dont :

    1.° *François*, qui suit;

    2.° *Antoine*, seigneur de Latour, Palomières, allié en 1616 à Catherine de Salis, auteur des branches de Latour et de Palomières.

III. Noble *François*, IIᵉ du nom, de GÉRARD, écuyer, seigneur du Barry, la Ricardie, le Mas et autres places, lieutenant général de Sarlat, épouse, en 1599, *Anne* de SALIGNAC-FÉNELON-GAULEJAC, dont :

    1.° *Armand*, qui suit;

    2.° *Jean*, seigneur de Pérignac, allié en 1641 à Catherine de Lâge, dont il eut une fille mariée en 1668 à messire Antoine de Bars, chevalier, seigneur de la Gazaille, Montcalou, Malecourse, etc.;

3°. *Jeanne*, alliée en 1620 à noble homme Antoine de Goudin, seigneur de la Roussie et la Valade, gentilhomme ordinaire de la maison du roi.

IV. Noble *Armand*, Ier du nom, de GÉRARD, écuyer, seigneur du Barry, Saint-Quentin, etc., lieutenant général, etc. Maintenu dans sa noblesse en 1649, allié en 1633 à *Balthazare* de GUIȘCARD, dont :

V. Messire *Armand*, IIe du nom, de Gérard, écuyer, seigneur du Barry, etc., lieutenant général, etc., allié en 1658 à *Marie* de GOUDIN de LA ROUSSIE. Maintenu dans sa noblesse en 1666. Il laissa :

1.° *Antoine*, qui suit ;

2.° *Marc*, chevalier du Barry, chevalier de Saint-Louis, Brigadier des armées du roi, commandant le gouvernement de Sedan ;

3.° *Joseph*, chanoine et vicaire général de Sarlat et archidiacre de Narbonne ;

4.° *Antoine*, seigneur de la Ricardie, chevalier de Saint-Louis, commandant au régiment d'Anjou.

VI. Messire *Antoine* de GÉRARD, chevalier, seigneur du Barry, Saint-Quentin, etc., lieutenant général de robe et d'épée ; maintenu dans sa noblesse en 1697. Il épousa en 1684 *Jeanne* de JAVEL, dont :

VII. Messire *François* III de GÉRARD, chevalier, seigneur du Barry, Saint-Quentin, etc., lieutenant général, etc. ; maintenu dans sa noblesse en 1718. Il épousa en 1719 Marie Baudot de Jully, dont :

1.° *Barthélemy*, seigneur du Barry, etc., lieutenant général, etc., mort sans postérité ;

2.° *François*, qui suit ;

3.° *Toussaint-François*, chevalier du Barry, chevalier de Saint-Louis.

VIII. Messire *François* IV de GÉRARD, chevalier, seigneur du Barry, Saint-Quentin, Marcillac et autres places, officier au régiment de Normandie, allié en 1757 à *Marie* DU BOIS DE GASQUE. Il vota à Périgueux en 1789. De son mariage, il eut :

 1.º *Nicolas-Marc-François*, qui suit;

 2.º *Joseph*, seigneur de la Ricardie, officier dans Perche;

 3.º *François-Toussaint*, seigneur de Saint-Quentin, chevalier de Saint-Louis, officier dans Normandie.

IX. Messire *François* V, de GÉRARD, chevalier, seigneur du Barry, Saint-Quentin, Marcillac et autres lieux, chevalier de Saint-Louis, officier dans Normandie, émigré en Espagne, allié en 1785 à *Jacqueline* de JAVEL-GIVERZAC, dont :

 1.º *René-Anne*, allié à Mathilde de Foucauld de Lardimalie, mort sans postérité;

 2.º *François-Toussaint-Eugène*, qui suit.

X. *François-Toussaint-Eugène* de Gérard du Barry, allié en 1843 à *Emma* de TESTAS-FOLMONT, dont il eut :

 1.º *René*, qui suit;

 2.º *Gaston*, né en 1851;

 3.º *Robert*, né en 1863.

XI. *René* de GÉRARD du Barry, allié en 1870 à *Marie* de YERMOLOFF, dont il a :

 1.º *Anne*, née le 25 mars 1874;

 2.º *Elisabeth*, née le 30 juillet 1876.

ARMES : *D'azur, au croissant d'argent, entouré de cinq étoiles d'or en orle.*

TIMBRE : *Couronne de comte ou de marquis.*

CIMIER : *Un croissant d'argent.*

SUPPORTS : *Deux lions, la tête contournée.*

DE CASTET

—

L A généalogie de cette importante maison a été dressée au tome VII du *Nobiliaire universel de France*, pour le rameau de la Boulbène établi à Rieux, à Ox et dans la plaine de Port-au-Prince, à Saint-Domingue (Haïti), et s'arrête au Xe degré par *Jacques-Rose-Honoré* de Castet, sieur de la Boulbène, fils de Joseph Amable, ancien page du roi Louis XV, et de Marie de Lezat-Brugniac-Marquefave.

Jacques-Rose-Honoré de Castet, né à Rieux, évêché du Haut-Languedoc, le 29 décembre 1768, épousa au Port-au-Prince (Haïti), le 7 décembre 1797, *Bonne-Renée-Magdeleine-Louise* le Meilleur, fille de messire Jacques-Vincent le Meilleur, chevalier de Saint-Louis, d'une très-ancienne famille de Bretagne qui a donné à l'Église un cardinal de ce nom, camerlingue de l'Église romaine en 1184; et de Marthe-Louise O'Gorman, ancienne maison d'Irlande, sœur du colonel d'infanterie comte O'Gorman, député de Saint-Domingue aux États-Généraux de 1789, et dont l'aïeul Arnol O'Gorman, frère cadet du duc d'Ulster, s'était réfugié en France avec le roi Jacques II.

De ce mariage vinrent :

1.° *Pierre-François-Armand*, né au Port-au-Prince, le 29 juin 1799, ancien élève de l'École militaire de Saint-Cyr, mort avant son père sans avoir contracté d'alliance;

2.° *Jacques-Joseph-Alfred*, né à La Havane, le 17 février 1804, ancien élève de l'École militaire de Saint-Cyr, lieutenant au 61e régiment d'infanterie, mort avant son père sans avoir contracté d'alliance;

3.º *Pierre*, né à Paris, le 17 octobre 1806, mort avant son père sans avoir contracté d'alliance;

4.º *François-Marie-Tancrède*, né à Toulouse, le 27 août 1815, mort avant son père sans avoir contracté d'alliance;

5.º *Ursule-Céleste*, née au Port-au-Prince, le 22 octobre 1801, mariée, par acte du 5 janvier 1825, au baron de Faure Mossabrac;

6.º *Marie-Théodore-Ursule-Aminthe*, née au château de Rachelin, près de Muret (Haute-Garonne), le 4 novembre 1822, et mariée, le 4 septembre 1841, à *Paul-Joseph-Edouard* Azéma, maire de Saint-Ybars, membre des assemblées départementales de l'Ariége, d'une famille qui se place au rang le plus distingué par ses alliances et la considération dont elle jouit.

Avec Jacques-Rose-Honoré de Castet, décédé le 3 avril 1851, avait pris fin le rameau de la Boulbène qui représentait la branche cadette de la maison de Castet, celle de Castet-Miramont (dont il s'était détaché vers 1640), qui possédait la belle terre seigneuriale de Miramont, dans le Conserans, et les baronnies de Cante et de Roquebrune, donnant toutes deux entrées aux États de Foix, et dont le dernier représentant mâle, Jean-Pierre de Castet-Miramont, ancien mousquetaire de la garde du roi, était mort en 1789.

Par un décret en date du 20 juillet 1875, Marie-Jacques-Suzanne-Arthur Azéma, fils de Paul-Joseph-Édouard et de Marie-Théodore-Ursule-Aminthe de Castet la Boulbène, né au château de Fantillou, commune de Saint-Ybars (Ariége), le 25 décembre 1843, a été autorisé à adjoindre à son nom patronymique celui de Castet la Boulbène, qui appartenait à son grand-père maternel, Jacques-Rose-Honoré; et le tribunal de Pamiers (Ariége) a ordonné la rectification de toutes les pièces de l'état civil le concernant, dans son jugement du 7 février 1877.

Le chef et dernier mâle de la branche aînée de la maison de Castet, celle de Castet-Biros, Joseph-Aimé de Castet, marquis de Biros, fils de Jean-Aimé et de Anne-Élisabeth de Thomas, né le 23 janvier 1744, étant mort à Paris en 1822 sans avoir contracté d'alliance, les deux branches de la maison de Castet se trouvent aujourd'hui représentées par *Marie-Jacques-Suzanne-Arthur* AZÉMA DE CASTET LA BOULBÈNE, capitaine-instructeur au 8ᵉ régiment de chasseurs à cheval.

D'AMPHERNET

NCIENNETÉ : La maison d'*Amphernet, Amfernet Anfernet, Enfernet* est, selon Laîné et Chevillard, l'une des plus anciennes du royaume. Cette ancienneté même, ses services dès le xıᵉ siècle, ses grandes alliances lui assurent une place distinguée dans les rangs de la noblesse de France. Elle a prouvé son origine chevaleresque devant Montfault en 1463. Ses membres ont figuré sous les titres de *Miles, Armiger, chevalier, escuyer, noble homme, patron, seigneur présentateur, noble et puissant, haut et puissant seigneur, barons de Montchauvet et Arclais, barons de Pontbellanger, barons de Contrebis, barons et marquis d'Amphernet, comtes et vicomtes d'Amphernet de Pontbellanger.* Dès les temps féodaux, elle a fait de nombreux aveux et hommages au roi; elle a possédé en outre de nombreux fiefs dans la haute et dans la basse Normandie. Celui de son nom, dont le chef est assis dans la paroisse de Mesnil-Patry, avait une extension considérable dans celle de Viessoix et avait en outre des ramifications dans celles de Truttemer-le-Grand et de Truttemer-le-Petit, de Saint-Christophe, de Saint-Lambert-sur-Orne, de Saint-Remy-sur-Orne, de Bernière-le-Patry, etc.

ALLIANCES : Cette famille s'est alliée directement à celles de : Angerville, Bacon, Belloy, de la Champagne, de Mathan, Carbonnel, Malherbe, Pontbellanger, Néel de Fontenay, Gaalon, Canonville de Raffetot, Guernon de Rainville, Colbert de Chabanais, de Vassy, d'Oëssé, Vauquelin de Vrigny, Doisnel de Montécot, de Chennevières, Guesdon de la Guesdonnière, Broyes, Boisberthelot, du Bot du Grego, Leflo de Branho, de Madec, du Fresne de Virel, Noel de Lesquernec, Robert de Saint-Vincent, de Montifault, de Solminihac, etc.

SERVICES : En 1066, *Guillaume* d'AMPHERNET accompagna le duc de Normandie à la conquête de l'Angleterre (1). En 1154, 1155, 1158, 1184, *Rodolphe* d'AMPHERNET et son fils *Guillaume* sont cités dans des chartes relatives à l'abbaye de Jumiéges, sous Louis VII et Philippe Auguste (2). *Jourdain* d'AMPHERNET assiste à la prise de Saint-Jean-d'Acre, en 1191. Le nom et les armes des d'Amphernet figurent dans les salles des Croisades, au musée de Versailles. L'existence de Guillaume d'Amphernet dans la noblesse de Normandie est constatée en 1254 par une charte originale conservée aux archives de la Manche. Dans un arrêt rendu par le Parlement du roi, siégeant à Rouen, le 5 janvier 1365, sont rappelés à la fois l'illustre origine, la noblesse de race, les grands biens et la haute autorité dont jouissait en Normandie Jean d'Amphernet, chevalier, vivant en 1280, père de Richard. Ce chevalier, Jean, conjointement avec sa femme Thomase Gaalon, fonda la chapelle Saint-Michel, en l'église de Notre-Dame de Vire, où, jusqu'à la Révolution de 1789, la famille d'Am-

---

(1) *Archives de Londres.* — Abbé Blin. — Chevillard.
(2) *Gallia christiana.* — *Mémoires de la Société des antiquaires de Normandie*, t. V, p. 35.

phernet posséda des droits de patronage, d'enfeu et de sépulture, tombeaux, statues, grande vitre armoriée, épitaphes, etc.

Dès le début de la guerre de Cent-Ans, *Richard* et *Guillaume* d'AMPHERNET, chevaliers, vont défendre le sol national
contre les Anglais. Richard, assistant à la bataille de Crécy,
près du roi Philippe VI, y fut honorablement armé chevalier, en 1346. La ville de Vire qu'il avait fait fortifier de sa
fortune personnelle, dès le commencement de la guerre, lui
dut son salut. Il sut la défendre et la garder contre les
Anglais, qui étaient en possession de dix-huit forteresses qui
l'entouraient : il fit plusieurs sorties heureuses contre les Anglais, à la tête de la garnison, et fut plusieurs fois blessé.
Richard d'Amphernet, chambellan du roi Charles V, remit
à son souverain, à Paris, des lettres de créance sur l'Etat de
la Normandie (1). Guillaume d'Amphernet, chevalier, était
chambellan de Charles VI, qui prit part personnellement à
la bataille de Rosebecq, en 1382. L'année suivante, il se trouvait avec le maréchal de La Ferté-Fresnel, son parent, et le
sire de Thorigny, à l'Ecluse, près du roi, qui tentait de passer en Angleterre (2). Par lettres royales, en 1385, Charles VI
autorisa Guillaume d'Amphernet à faire fortifier son château
de Tracy pour protéger Vire et les pays voisins contre les in-
cursions des Anglais (3). Guillaume était au nombre des principaux officiers qui, dans l'enceinte du château de Vire, entouraient du Guesclin, quand ce dernier accepta le défi que
lui portait l'envoyé de Granson (4). Guillaume et Richard
se distinguèrent dans les armées de Charles V. Ils faisaient
partie l'un et l'autre des compagnies de gentilshommes nor-

---

(1) L'arrêt du Parlement du roi, siégeant à Rouen en 1365 (*Archives
nationales*), mentionne les services rendus par Richard d'Amphernet,
tant à Charles V qu'à ses prédécesseurs, rois de France, *continuelle-
ment, diligemment et fidèlement;* et que ses ancêtres et lui s'étaient toujours comportés selon leur dignité.

(2) Arrêt des conseillers généraux de 1395, aux Arch. nat., J. J., 169,
f° 17.

(3) *Archives nationales*, J. J., 127.

(4) Dubourg d'Isigny, t. X.

mands qui eurent le plus de part aux expéditions militaires du connétable du Guesclin (1). Autre *Guillaume* d'AMPHERNET, chevalier, combattit vaillamment sous Philippe le Hardi, qui arrêta les progrès des Anglais, ajouta la Flandre et l'Armagnac à la France, et qui, devenu l'un des plus puissants princes de l'Europe, gouverna le royaume pendant la démence et jusqu'à la mort de Charles VI. Ce prince attesta les bons services dudit Guillaume, par lettres datées de Lille du 14 octobre 1386, et, comme reconnaissance de sa fidélité, il lui donna une gratification de mille livres.

Jean d'AMPHERNET, chevalier, était au nombre des seigneurs assistant le duc d'Orléans en 1410, à la signature du traité de Gien. Ses fils *Pierre* et *Christian*, ainsi que son neveu *Bertrand* d'AMPHERNET, se trouvant avec le même duc d'Orléans, après la bataille d'Azincourt, prisonniers du roi d'Angleterre de 1417 à 1420 (2). En 1410, messire Bertrand d'Amphernet, chambellan du roi, filleul de du Guesclin, était chevalier-bachelier d'une compagnie de seize écuyers et de trente-huit archers, à laquelle il faisait faire montre et qu'il commandait à Paris *es guerres du roy* (parti d'Orléans ou Armagnac) (3). Le duc d'Alençon, comte du Perche, en faveur duquel le comté d'Alençon fut érigé en duché-pairie en 1414, retint au nombre de ses chevaliers Bertrand d'Amphernet, à qui il accordait ainsi la récompense habituelle des exploits militaires, mais qu'il voulait, sans doute, plus particulièrement honorer en souvenir de *Richard* d'AMPHERNET, son père. Celui ci, en effet, s'étant trouvé aux côtés du roi et de son frère, le comte d'Alençon, aïeul du duc, à la désastreuse bataille de Crécy, y fut armé chevalier, comme nous l'avons vu déjà (4). En 1412, Bertrand d'Amphernet commandait le guet royal à Paris, en remplacement de

---

(1) *Hist. de Normandie*, de Malleville, 3ᵉ vol., p. 395 et suiv. — Dom Lobineau et dom Morice.
(2) Th. Carte, *Rôles gascons et normands*.
(3) Parchemin original scellé, à la Bibl. nat.
(4) Arrêt du Parlement du roi de 1365 aux Archives nationales.

Florent d'Encre. Cette importante charge militaire, qui existait déjà du temps de saint Louis et que nul ne pouvait exercer s'il n'était chevalier, avait été occupée, en 1357, par Pierre de Villiers, seigneur de l'Isle-Adam, capitaine de Pontorson et de Saint-Michel. Ce chevalier, fait prisonnier à la bataille de Mauron et auquel le roi Jean alloua mille deniers d'or pour payer sa rançon, jouissait de la faveur de Charles V et du duc d'Orléans, son frère, dont il était un des conseillers, et il devint, en 1359, maître d'hôtel du roi. Du Guesclin fut nommé en son remplacement capitaine général de Pontorson et de Saint-Michel (1).

Arthur, comte de Richemont, connétable de France, maître d'hôtel du roi, gouverneur général de Normandie, eut à faire connaître à Charles VII, en 1452, l'état politique et militaire de cette province. C'est à cette occasion que, s'adressant à ses principaux lieutenants, il donna mandement de par le roi « à son amé et féal chambellan, messire « *Michel* d'Amphernet, chevalier, seigneur de Montchauvet, « d'assembler et passer en revue les nobles, vassaux et sujets « de la vicomté de Vire pour servir le roi en ses guerres. » Michel, *chambellan du roi, fut établi grand chambellan de France en 1452. Il fut nommé maître d'hôtel du roi en 1467.* Le sire de Gaucourt, premier chambellan du roi, fut nommé son maître d'hôtel, en 1453 ; et il aurait donc été remplacé successivement dans ses charges de grand chambellan et de maître d'hôtel du roi, par Michel d'Amphernet, chevalier, qui, pendant plus de vingt ans, avait servi la France, près du roi « en sa compagnie, au fait de ses guerres. »

Charles et *Jacques* d'Amphernet commandaient le château de Vire en qualité de lieutenant et de gouverneur en 1495 et 1499 (2).

Jacques d'Amphernet, chevalier, gentilhomme ordinaire

---

(1) Hist. de Siméon Luce, p. 119, 120-247 ; *Ancienne France*, par Saint-Allais, p. 502.

(2) Chartes orig. aux Arch. de Caen. Dubourg d'Isigny.

du roi en 1571, eut un fils nommé *Jacques,* qui fut page du
roi en 1579, et une fille *Françoise,* qui épousa le 15 mars
1571 messire *Louis* de VASSY, allié aux d'Harcourt et aux
Montgommery. Françoise d'Amphernet fit ériger en baronnie, en 1596, sa seigneurie de Brecey, à laquelle elle
joignit à cet effet douze autres fiefs qu'elle possédait
dans la vicomté de Mortain : elle en rendit aveu au roi
en 1613.

Jean d'AMPHERNET, chevalier, baron de Montchauvet, gentilhomme ordinaire de sa chambre, prouve son ancienne
noblesse en 1577, et, par un certificat du roi Henri III, du
29 mai 1588, sont attestés les services qu'il avait rendus au
fait des guerres.

Nicolas d'AMPHERNET, baron de Contrebis, mourut pendant la campagne de La Rochelle. François, Antoine et Guy
suivirent Louis XIII à Montauban, Montpellier, Saint-An-
tonin, Milhau, autant que dura ce voyage.

Haut et puissant *Gédéon* d'AMPHERNET, chevalier, était
en 1647 gentilhomme ordinaire du duc d'Orléans, fils
de Henri IV, lieutenant général du royaume, qui fit avec
succès les campagnes des années 1644 et suivantes, en pre-
nant Gravelines, Mardick, Courtray, Bergues, etc.

N. et *P. René,* marquis d'AMPHERNET, chevalier, conseiller d'État en 1620, président au Parlement de Bretagne,
épousa *Anne* de BELLOY, veuve de Henri de Choiseul, dont
il eut :

> 1.° *H.* et *P. René,* marquis d'AMPHERNET, conseiller
> au Parlement de Normandie;
>
> 2.° *Renée* d'AMPHERNET, née en 1673, mariée au mar-
> quis de COMBAULT, à Bordeaux ;
>
> 3.° *Anne* d'AMPHERNET, mariée au marquis DOYNEL DE
> MONTECOT (1).

----

(1) Arrêt du Parlement de Bretagne de 1786.

En 1605, *Jean* d'AMPHERNET, chevalier, baron de Montchauvet et de Pontbellanger, mestre de camp, chevalier de
l'ordre du roi, capitaine des cent gentilhommes de sa
chambre, obtint érection en baronnie de la terre de Montchauvet, en sa faveur et en celle de ses hoirs et ayants cause,
par considération des services que lui, ses frères et leurs devan-
ciers rendent et ont rendus au roi régnant et aux feus rois
ses prédécesseurs, aux guerres et armées ; laquelle terre de
Montchauvet est mouvante du roi, noble et très-ancienne,
de grand revenu et valeur et de laquelle sont tenus et
mouvants plusieurs fiefs, arrière-fiefs, terres et seigneuries.
Sur ladite baronnie est exercée la justice tant civile que
criminelle ; y sont établis des fourches patibulaires à quatre
piliers, un marché par semaine et trois foires dans le cours
de l'année, pendant trois jours consécutifs (1). Dès 1478,
Robert de Tournebu, écuyer, sénéchal de la seigneurie
de Montchauvet, tenait les plés de ladite seigneurie, sous
l'autorité de noble dame Louise de Boucan, veuve de
feu messire Michel d'Amphernet, chevalier, seigneur de
Montchauvet.

Gabriel d'AMPHERNET, chevalier, baron de Pontbellanger,
de Montchauvet, prouva son ancienne noblesse en 1668,
devant M. de Chamillart (2).

Jean-Baptiste d'AMPHERNET, baron de Montchauvet, chevalier d'honneur au présidial de Caen, avait servi dans les
armées de Louis XIV, dans la compagnie des gentilshommes
de Vire, Mortain, Caen, et dans les chevau-légers (3). Sa
fille, Anne-Louise d'Amphernet, baronne de Montchauvet,
épousa en 1713 messire Jean-Jacques Vauquelin, chevalier,

---

(1) Lettres patentes royales (Cabinet des titres).

(2) En 1689, dans les Mémoires dédiés à Nicolas Foucault, intendant
de la province, le sieur Lecocq, lieutenant particulier au bailliage de
Vire, cite la baronnie de Montchauvet parmi les baronnies fiefs nobles de
l'élection, et la famille d'Amphernet parmi celles tenant le premier
rang de la noblesse.

(3) Certificats du duc de Chevreuse, de M. de Pontécoulant, du comte
de Coigny, des années 1674, 1678, 1681, 1689.

marquis de Vrigny (1). Dans les lettres d'érection en marquisat de la terre de Vrigny, données en 1722, en faveur du
mari d'Anne-Louise d'Amphernet, il est mentionné que
cette érection est en partie « en considération de son alliance
« avec Anne-Louise d'Amphernet, qui appartient à l'une des
« plus anciennes et des plus illustres maisons de Norman-
« die, puisqu'on y voit des capitaines des cent gentilshommes
« de la chambre ou arme de Corbin, des chambellans des
« rois et autres grands personnages. »

Pierre-Ambroise d'AMPHERNET, chevalier, fit les guerres
de Flandre et fut plusieurs fois blessé; lieutenant-colonel,
il commanda, dans deux campagnes, le régiment des re-
crues de Caen. En 1747, il surprit les ennemis dans le
poste de Chasteuil et fit prisonniers vingt-un hommes et le
lieutenant (2).

Louise-Perrine d'AMPHERNET épousa en 1769 haut et
puissant messire COLBERT, chevalier, marquis de Chabanais,
capitaine d'ordonnance des gendarmes bourguignons, maréchal de camp des armées du roi. Le marquis de Chabanais,
leur fils, pair de France, habitait encore en 1852 son château d'Ossonville (Seine-et-Oise) et son hôtel de la rue Ville-
l'Évêque, n° 1, à Paris, l'un et l'autre apportés en mariage à
son père, en 1769, par *Louise-Perrine* d'AMPHERNET, marquise de Chabanais.

Haut et puissant seigneur *Antoine-Michel*, marquis d'Am-
PHERNET, baron de Pontbellanger, lieutenant au régiment de
Lyonnais, justifia qu'il avait la qualité requise pour être
admis aux honneurs de la cour des rois de France réservés
à la haute noblesse. Il eut l'honneur de monter dans les
carrosses de Sa Majesté et de suivre le roi à la chasse (3).

---

(1) Le marquis de Vrigny, petit-fils d'Anne-Louise d'Amphernet, est
mort en son château de Soisy-s.-Montmorency (Seine-et-Oise), le 28
décembre 1828.

(2) Lettre du général comte de la Tour au comte d'Argenton, ministre
de la guerre.

(3) *Mercure de France*, 12 nov. 1784. (Preuves de cour.)

Haut et puissant seigneur *François-Michel*, comte d'Amphernet de Pontbellanger, page du roi en 1769, capitaine,
major en 1782, au régiment de Penthièvre, chevalier de
Saint-Louis, prouva devant d'Hozier sa noblesse de race avec
filiation non interrompue antérieure à 1400, et fut reconnu
en droit de jouir des honneurs de la cour. Il fut gentilhomme
de la chambre du roi Louis XVIII et mourut à Paris le 5
mars 1821. (Preuves de cour.)

Haut et puissant seigneur *Antoine-Henri*, vicomte d'Amphernet de Pontbellanger, né en 1759, capitaine au régiment de royal-Lorraine, cavalerie, en 1783, eut les honneurs
de la cour en 1786 (1). Il épousa, par contrat du 29 avril
1787, signé de L. M. et des princes et princesses de la famille royale, mademoiselle du Bot du Grégo, fille unique de
haut et puissant messire du Bot, chevalier, marquis du
Grégo, de la Roche et de Coatarmoal, baron de Laz, comte
de Gournois, vicomte de Curru, seigneur de Trevarez et
autres lieux, une des plus riches héritières de Bretagne (2).
La vicomtesse d'Amphernet de Pontbellanger eut les honneurs de la cour en 1789 (3). Le vicomte d'Amphernet de
Pontbellanger signa, avec trois de ses cousins d'Amphernet,
la protestation de 1789. Officier général dans les armées vendéennes et bretonnes, il fut fait prisonnier par les troupes du
général Hoche et fusillé sur-le-champ le 24 février 1796. Son
fils *Charles-Félix*, vicomte d'Amphernet de Pontbellanger,
a fait les campagnes d'Italie, d'Espagne et de Russie. Il fut
nommé capitaine après avoir sauvé le général Jomini au passage de la Bérésina. Il fit partie de l'état-major du vice-roi
d'Italie à la campagne de l'Elbe. Il devint aide de camp du
général de Grouchy, depuis maréchal et pair de France. Au
combat de Vauchamps, où les Français obtinrent un avantage
sur les Prussiens commandés par Blücher, en 1814, d'Amphernet de Pontbellanger entra vaillamment le premier dans un

---

(1) Voir les listes officielles et le *Mercure de France*.
(2) *Mercure de France*.
(3) *Mercure de France*.

carré de 3,000 Russes, dont 2,000 demeurèrent prisonniers ; le grade de chef d'escadron lui fut donné sur le champ de bataille. Il reçut également la croix d'honneur sur un champ de bataille pour avoir, au combat de Saint-Dizier, où Napoléon battit les alliés en 1814, traversé avec un escadron de dragons, malgré un feu d'infanterie très-nourri, le faubourg de cette ville et avoir, par cette manœuvre, rendu toute cette infanterie prisonnière. Il fut nommé officier de la Légion d'honneur. Il eut deux enfants :

> 1.º *Michel* d'AMPHERNET, comte de Pontbellanger, marié en premières noces à Mlle de BROYES, morte sans enfants, et en secondes noces à Mme veuve LA FRETÉ. Il habite le château de Pontbellanger (Normandie), que possède la famillle d'Amphernet, sans interruption, depuis bien des siècles.

> 2.º *Antoinette* d'AMPHERNET, qui a épousé le comte DU FRESNE DE VIREL et habite le château du Grégo (Bretagne).

Georges-Michel d'AMPHERNET, chevalier, seigneur de Bures et Bertot, vicomte de Vire, gouverneur de Mortain, naquit au château de Pontbellanger, le 6 mai 1714. Il fut lieutenant d'infanterie au régiment de Rochechouart. Il avait épousé, en février 1747, *Jeanne-Pauline* DU GRETZ DE MONT-SAINT-PÈRE. De cette union vint :

Eléonor-Amant-Constant, baron d'AMPHERNET, chevalier, seigneur de Kermadéouha, né à Mortain le 20 novembre 1747, officier de cavalerie dans la garde ordinaire de Louis XVI. Il siégea aux Etats de Bretagne, dans l'ordre de la noblesse, en vertu d'un arrêt du Parlement en date du 21 août 1786, suivant lequel lui et ses enfants, nés et à naître, étaient confirmés dans leur qualité de chevalier et avaient entrée, séance et voix délibérative auxdits Etats comme étant issus d'ancienne noblesse prouvée par filiation non interrompue depuis 1280. Devenu officier général dans les armées vendéennes et bretonnes, il fut arrêté après la rupture des conférences de la Prévalay, auxquelles il assistait avec les autres généraux royalistes. Jugé par une commission militaire, on le fusilla à Quimper en 1796 (1).

Bonaventure-Augustin-Marie, comte d'AMPHERNET, chevalier, né en 1780, épousa en 1800 mademoiselle de MADEC, fille de René de Madec, colonel d'infanterie, chevalier de Saint-Louis, ancien nabab de première classe dans l'Indoustan, dont le crédit et la fortune, toujours employés au service de sa patrie, avaient permis à ce généreux Français de tenir longtemps en échec l'influence anglaise dans ces lointaines contrées. Il coopéra au siége et à la prise de Fisabad avec le Grand Mogol, auquel il prêta le concours de son armée et qui lui remit en présence des troupes victorieuses son propre turban, que la famille a conservé. M. de Madec, se trouvant de passage à Pondichéry lors du siége de cette ville en 1778, leva des troupes volontaires et se distingua par plusieurs sorties heureuses contre les Anglais.

Les représentants des différentes branches de la famille d'Amphernet existent en Normandie, en Bretagne et à Versailles sous les titres de marquis, comtes, vicomtes, barons d'Amphernet.

ARMES : *De sable, à l'aigle éployée d'argent, becquée et membrée d'or.*

SUPPORTS : *Lions et lionnes et licornes.*

TIMBRES : *Couronnes de marquis et couronne de comte.*

---

(1) Pour les détails de cette mort, voir une brochure de M. l'abbé Julien Loth sur l'abbé d'Amphernet de Bures (*Rouen, imp. Cagniard,* 2ᵉ éd.), autre victime de la Révolution, qui mourut martyr de sa foi à Rouen, en 1794, et auquel on a érigé, en pieux hommage, une pierre commémorative, le 7 septembre 1865, dans l'église de Roumare.

I *c.*   8

DE CROUSILLAC

—

LA généalogie de cette famille, originaire du Languedoc, a été établie au tome VIII, p. 480, du *Nobiliaire universel de France*, par de Saint-Allais. Nous ne la reprenons que pour indiquer le point de son alliance avec la famille de Reiset, dont nous donnerons ci-après la filiation.

D'après les registres des baptêmes, mariages et sépultures de la paroisse de Saint-Saturnin-de-Chambourcy, au diocèse de Chartres :

Pierre-Mathias de CROUSILLAC, né le 17 octobre 1747, écuyer, se maria en 1776, à l'âge de 29 ans, à *Marie-Magdeleine* de REISET, fille d'Humbert-Nicolas de Reiset, grand bailli des départements d'Ensisheim et Sainte-Croix en Alsace, avocat au Conseil souverain d'Alsace, conseiller du roi et inspecteur des forêts, etc., etc.

Pierre-Mathias était fils de *Pierre-Mathias* de CROUSILLAC, écuyer, garde du corps du roi de la compagnie de Villeroy, et de *Marie-Elisabeth* GUIGNARD, son épouse.

Le 28 avril 1787, le généalogiste Chérin certifia au roi la noblesse des familles de Crousillac et de Reiset (1).

---

(1) Archives du château du Breuil (Eure).

DE REISET

AMILLE noble, originaire de Lorraine, établie en Bourgogne au commencement du xvᵉ siècle et en 1470 dans le comté de Ferrette en Alsace, seigneurs des fiefs nobles de Saint-Loup, en Bourgogne, de Chavanatte et de Boron en Alsace.

Les Schepflin, Saint-Allais, Chérin et de Courcelles mentionnent dans leurs travaux héraldiques plusieurs membres de la famille de Reiset. L'un d'eux, Henri de Reiset, seigneur de Saint-Loup, était écuyer de Philippe le Bon, duc de Bourgogne, qui l'établit dans le comté de Ferrette en Alsace après avoir pris possession de ce comté, qui appartenait à la maison d'Autriche.

Voici, de plus, un acte de d'Hozier qui certifia la noblesse du sieur de Reiset, écuyer, ancien mousquetaire de la garde du roi, chevalier de Saint-Louis, et dont l'original se trouve dans les archives du château du Breuil de Marcilly (Eure) :

« Nous, Antoine-Marie d'Hozier de Sérigny, chevalier,
« juge d'armes de la noblesse de France et, en cette qualité,
« commissaire du roi pour certifier à Sa Majesté la noblesse
« des élèves des Ecoles royales militaires, chevalier grand-
« croix honoraire de l'ordre royal de Saint-Maurice de Sar-
« daigne,
« Certifions que le sieur de Reiset, écuyer, ancien mous-
« quetaire de la garde du roi, a prouvé devant nous, par titres
« authentiques, sa noblesse, remontée à Guillaume Reiset,
« qualifié noble et écuyer, vivant à Ferrette en 1524, et
« qu'aux termes de la déclaration du roi, du 13 de janvier
« 1771, il peut, sous le bon plaisir de Sa Majesté, être pourvu,
« en qualité de gentilhomme, d'une charge de lieutenant de

« nos seigneurs les maréchaux de France. En foi de quoi
« nous avons délivré le présent certificat, l'avons signé et
« l'avons fait contre-signer par notre secrétaire, qui y a
« apposé le sceau de nos armes. A Paris, le vendredi vingt-
« septième jour du mois de mars de l'an mil sept cent soixante-
« dix-huit. »

(Signé) : D'Hozier de Sérigny.

Pour minute.

Un des descendants de Guillaume, *Claude* Reiset, acquit
en 1685, de la famille de Reinach, le fief de Chavanatte; il
fut la souche de deux branches, dont l'une s'établit à Colmar
et l'autre à Delle. La première acquit également, le 24 décembre 1778, le fief de Boron.

Claude Reiset avait un frère qui entra dans l'ordre des
Capucins à Toulouse et se fit, sous le nom de Père Anselme,
une grande réputation comme prédicateur et écrivain ascé-
tique. On a de lui les *Entretiens spirituels de Théophile et
Olympie*, imprimés à Toulouse en 1683.

Jean-Jacques Reiset, petit-fils de Claude, était receveur
général des finances du Haut-Rhin à la fin du dernier siècle.
Il eut plusieurs enfants, entre autres :

Jacques-Etienne, receveur général du Mont-Tonnerre et
de la Seine-Inférieure, officier de la Légion d'honneur, chevalier de Saint-Louis, etc., né à Colmar en 1771, mort à
Rouen en 1835;

Marie-Antoine, vicomte de Reiset, lieutenant général,
grand officier de la Légion d'honneur, grand-croix de l'ordre
de Charles III d'Espagne, commandeur de Saint-Louis, etc.,
né à Colmar en 1775, mort à Rouen en 1836. Son nom est
inscrit sur l'arc de triomphe de l'Etoile. Son fils,

Henry, vicomte de Reiset, ancien receveur des finances à
Mayenne, où il est mort en 1869. De mademoiselle du Méril,
son épouse, il laissa :

1.º Blanche, née en 1854;

2.º Henry, né en 1857.

Jacques-Etienne, receveur général de la Seine-Inférieure, cité plus haut, eut deux filles, madame la baronne de Beurnonville et madame la vicomtesse d'Arjuzon, et quatre garçons, dont l'un :

Gustave-Armand-Henri, comte de Reiset, né au Mont-Saint-Aignan, près de Rouen, le 15 juillet 1821, ancien chargé d'affaires de France à Turin et à Saint-Pétersbourg, ministre de France à Darmstadt et à Wiesbaden, envoyé extraordinaire et ministre plénipotentiaire de l'Empereur près les cours de Hanovre et de Brunswick, ancien membre du Conseil général de l'Eure, commandeur de la Légion d'honneur, chevalier grand-croix des ordres de Philippe-le-Magnanime de Hesse et d'Adolphe de Nassau, chevalier grand-croix de l'ordre des Guelphes de Hanovre, chevalier grand-croix de l'ordre de Henri-le-Lion de Brunswick, décoré de la médaille d'or du Mérite de Hesse, commandeur des ordres de Saint-Maurice et Lazare de Sardaigne, chevalier de première classe de l'ordre Constantinien de Saint-Georges de Parme, chevalier de Charles III d'Espagne, etc.; marié, le 20 mai 1856, à *Marie-Ernestine-Blanche* de Sancy de Parabère, née le 1ᵉʳ août 1836, dont :

> 1.º *Napoléon-Louis-Eugène-Marie-Jacques*, né à Paris, le 14 février 1857;
>
> 2.º *Marie-Thérèse-Colette-Emilie-Hortense*, née à Paris, le 28 février 1858;
>
> 3.º *Marie-Juliette-Walburge-Alice*, née à Darmstadt, le 4 avril 1861;
>
> 4.º *Marie-Joseph-François-Henry-Florimond*, né à Darmstadt, le 9 mars 1863;
>
> 5.º *Marie-Joseph-Edgar-Pentecôte*, né au château du Breuil de Marcilly (Eure), le 5 juin 1870;
>
> 6.º *Marie-Jacques-Thibault* de Marly, né au château du Breuil de Marcilly, le 6 juin 1872.

Armes : *D'azur, au croissant d'argent, surmonté d'un trèfle d'or et soutenu d'une colline de trois coupeaux du même.* (V. *Armorial général* de d'Hozier de l'année 1697.)

MÉGRET

La maison de Mégret (Meigret ou Maigret), ancienne et distinguée, tire son origine de noble *Guillaume* Mégret, d'abord maître des eaux et forêts de monseigneur le duc d'Orléans en ses comtés de Valois et de Beaumont, puis secrétaire du roi Charles VI, qui, pour reconnaître ses bons et loyaux services, le confirma dans sa noblesse par lettres patentes du mois d'avril 1408. Son sceau, qui figure sur plusieurs titres, est timbré d'un casque et porte un chevron accompagné de trois étoiles renversées, 2 et 1 (1).

Cette maison, qui s'est également rendue recommandable dans l'Église, dans les armes et dans la magistrature, a formé plusieurs branches, qui se sont répandues en Picardie, en l'Isle-de-France et en Bourbonnais.

La branche de Picardie, vers la fin du xviie siècle, a formé deux rameaux encore existants, les Mégret de Méricourt de Devise et les Mégret de Sérilly d'Etigny, issus de deux frères, fils de noble homme *Charles* Mégret, sieur de Toulmont, premier échevin de Saint-Quentin, mort en 1650, petit-fils de messire *Lambert* Mégret, dit le Magnifique, chevalier, seigneur du Mée et de Boissette, etc., etc., secrétaire du roi, trésorier des blancs de Milan, puis contrôleur général de

---

(1) Arch. nat.

l'extraordinaire des guerres, et enfin ambassadeur en Suisse
en 1531.

ARMES. La branche des Mégret, seigneur de Méricourt et
de Devise, porte : *Parti : au 1, d'azur, au chevron d'or, accompagné de trois étoiles renversées d'or, 2 et 1 ; au 2,
d'azur, à trois besants d'argent, 2 et 1, au chef d'or, chargé
d'une tête de lion arrachée de gueules.*

DUREY DE NOINVILLE

—

L A filiation de cette famille, l'une des plus impor-
tantes de France, figure au tome XVI, pages 359-
370, du *Nobiliaire universel de France*, par de
Saint-Allais. Nous la reprenons ici à partir du V⁰ degré, pour
la continuer jusqu'à notre époque.

V. *Alphonse-Louis-Bernard* DUREY, comte de Noinville,
né le 25 mars 1738, entré au service aux mousquetaires noirs,
fit la guerre de Sept-Ans, tant comme cornette au régiment
de dragons de Caraman que comme capitaine au régiment
de Bourgogne, cavalerie, pourvu de la charge de lieutenant
général du Verdunois, fut fait lieutenant-colonel du 5⁰ régiment de chevau-légers, colonel du 6⁰ régiment de chevau-
légers, devenu la Marche, cavalerie ; émigré en 1791 ; servit
à l'armée de S. A. S. monseigneur le prince de Condé, comme
commandant la compagnie de cavalerie noble de Condé et
de Bourbon, et se trouva au passage des lignes de Weissem-
bourg, le 13 octobre 1793, aux combats de Berstheim les 2,
8 et 9 décembre, ainsi qu'à toutes les affaires de cette cam-

pagne ; commanda ensuite avec distinction un régiment de chasseurs à cheval de son nom ; prit en cette qualité une part active aux combats d'Offembourg, d'Oberkamlach, de Riberack, etc., en 1796 ; au retour du roi en France, en 1814, fut créé lieutenant général et commandeur de l'ordre royal et militaire de Saint-Louis, et décéda à Paris, le 20 mai 1818 ; il avait épousé, le 14 février 1773, *Marie-Françoise-Renée* de TABARY, fille de Paul-René de Tabary, écuyer, et de demoiselle Marie-Gilette Mahé de la Bourdonnaye. Il fit ériger en comté, sous le nom de *comté de Noinville*, les terres de Mélimé, Montgon et *Neuville*, situées en Champagne, par lettres patentes du roi Louis XVI, enregistrées au Parlement de Paris en janvier 1785. De son mariage, il laissa :

> 1.º *Alphonse-Paul-François*, qui suit ;
>
> 2.º *Hercule-Louis-Marie*, né le 25 mars 1775, qui fut officier de la marine royale et qui, ayant passé au service d'Espagne en 1793, fut tué au cap Saint-Vincent le 14 février 1797 ;
>
> 3.º *Ambroisine-Jeanne-Pauline*, morte sans alliance, le 8 mai 1861 ;
>
> 4.º *Anne-Perrine-Joséphine*, morte sans alliance, le 14 février 1842 ;
>
> 5.º *Bernard-Louis-Joseph*, qui suivra et qui forme la seconde branche ;
>
> 6.º *Caroline-Marie-Élisabeth*, épouse de *Jacques* BARDET DE BURC, morte sans postérité.

VI. *Alphonse-Paul-François* DUREY, comte de Noinville, marquis du Terrail, né à Paris, le 28 novembre 1773, colonel du 44ᵉ régiment d'infanterie, retiré du service, le 10 août 1830, officier de la Légion d'honneur, chevalier de l'ordre royal et militaire de Saint-Louis, marié le 28 octobre 1819 à *Marie-Esther* de GUEULLUY DE RUMIGNY, mort à la Vespierre, le 26 juillet 1852, dont :

VII. *Marie-Paul-Gabriel-Charles* DUREY, comte de

Noinville, marquis du Terrail, né à Paris, le 3 septembre 1822, chevalier de l'ordre du S. P. le Pape Pie IX, commandeur de l'ordre royal de Charles III, ancien officier de cavalerie, marié le 3 mars 1851 à *Marie-Charlotte* de LA-PORTE, d'où :

VIII. *René-Paul* DUREY de Noinville, né à Paris, le 27 août 1858.

Seconde Branche.

VI. *Louis-Bernard-Joseph* DUREY, comte de Noinville, né à Soisy, le 4 juin 1782, colonel d'Etat-major, retiré du service en 1830, officier de la Légion d'honneur, chevalier de l'ordre royal et militaire de Saint-Louis et de Saint-Ferdinand d'Espagne, marié le 12 août 1814 à *Éléonore-Thérèse* LECORNU DE BALIVIÈRE, morte à Orbec, le 5 février 1858, de laquelle il eut :

> 1.° *Pauline-Marie-Thérèse-Nicolette*, mariée à *Marie-Louis-Alfred* L'HOMME-DIEU du Tranchant de Lignerolles;
>
> 2.° *Élisabeth-Marie-Alphonsine-Eugénie*, religieuse;
>
> 3.° *Aimée-Marie-Joséphine ;*
>
> 4.° *Marie-Thérèse-Pauline*, mariée le 5 août 1845 à *Anatole* JARRET DE LA MAIRIE ;
>
> 5.° *Amédée-Auguste-Marie-Joseph* DUREY, comte de Noinville, né à Saint-Laurent, le 5 novembre 1824, marié le 5 juin 1849, à *Marie-Louise-Hyacinthe* de LA CROIX DE CHEVRIÈRES DE SAYVES, de laquelle il eut :
>
>> A. *Christian-Jules-Marie-Béatrix-Ghislain* DUREY DE NOINVILLE, né à Clabeck (Belgique), le 8 avril 1851;
>>
>> B. *Joseph-Marie-Claude-Ghislain* DUREY DE

NOINVILLE, né à la Cressonnière, le 9 juillet
1854, zouave pontifical, mort en 1876;

C. *Béatrix-Ghislaine-Marie-Pauline;*

D. *Alix-Ghislaine-Marie-Pauline;*

E. *Marie-Elisabeth-Thérèse.*

ARMES : *Écartelé : aux 1 et 4, de sable, au rocher d'argent surmonté d'une croisette de même*, qui est de DUREY;
aux 2 et 3, d'azur, à trois gerbes d'or, qui est DU BLÉ.

DE CROY

CETTE ancienne et illustre famille, descendant de la
maison royale de Hongrie, figure au tome Ier,
pages 513-520, du *Nobiliaire universel de France*,
par de Saint-Allais. La seconde branche, prise au XXe degré,
commence à

XXI. *François-Nicolas* de CROY-CHANEL, second fils de
Claude de Croy, III° du nom, et d'*Elisabeth* de PISON, seigneur de la Maison-Forte d'Argenson, par testament de son
père du 11 juillet 1742, qui épousa, le 14 juin 1753, *Françoise-Marguerite* de SAMUEL, dont il eut :

1.° *Claude-François*, qui continue cette branche;

2.° *Claude-Henri,* qui suit et qui forme la souche
d'une seconde branche;

3.° *François-Zacharie*, mort en 1793 sans postérité.

XXII. *Claude-Henri*, comte de Croy, né le 15 juillet 1764, autorisé par décret du 6 novembre 1809 à créer un majorat au titre de comte, mort le 13 janvier 1843. De son mariage avec *Gabrielle* de Belloy, il eut :

XXIII. *André-Raoul-Claude-François-Siméon*, comte de Croy, né le 18 février 1802, membre du Conseil général d'Indre-et-Loire de 1839 à 1870, auteur de plusieurs ouvrages historiques et littéraires, marié le 9 janvier 1825 à *Victorine* de Voyer d'Argenson, née le 12 juillet 1804, fille de Marc-René de Voyer, marquis d'Argenson, et de Sophie de Rosen, veuve du prince Victor de Broglie, dont :

XXIV. *René-Pierre*, comte de Croy, né le 26 juillet 1828, premier secrétaire de l'ambassade de France auprès du Saint-Siége, chevalier de la Légion d'honneur, commandeur de Saint-Grégoire-le-Grand et d'Isabelle-la-Catholique, etc., marié le 20 mai 1862 à *Annonciade* de Montebise, fille d'Edouard, comte de Montebise, et d'Ida de Monspey. De ce mariage vinrent :

    1.º *Henri-René-Marie-Bernard*, né le 8 juillet 1865 ;

    2.º *André-Marie-Joseph*, né le 12 novembre 1871 ;

    3.º *Geneviève-Marie-Victorine*.

Résidences : Château de Monteaux (Loir-et-Cher) et château de la Guerche (Indre-et-Loire).

Armes : Fascé d'argent et de gueules de huit pièces.

Supports : *Deux guerriers armés de toutes pièces.*

Cri de güerre : *Jérusalem.*

Devises : La première, *Sanguis regum Hungariæ;* la seconde, *Crouy salve tretous.*

Timbre : Une couronne d'or antique en forme de demi-globe, surmontée d'une petite croix terminée en fer de lance d'or, qui est la couronne de Saint-Etienne, premier roi chrétien de Hongrie.

LE PICART

Le Picart de Radeval, de Selletot, comte de Barre.

ELON le P. Anselme, cette famille est originaire de la Normandie, où dès le XIIIe siècle elle possédait de grands biens et où elle exerça de grandes charges. Cet auteur signale un grand maître des arbalétriers, Jean le Picart, en 1298. Sa généalogie suivie commence à :

I. *Guillaume* LE PICART, chevalier, seigneur d'Estelan, de Bosc-Achard, de Radeval, Mesnil-Hatte, etc., etc., conseiller et chambellan du roi, bailli et capitaine de Rouen, général des finances, capitaine d'Abbeville ; il était en grand crédit auprès du roi Louis XI, qui lui fit des dons considérables. Il fut nommé bailli de Rouen et commis au gouvernement de toute l'artillerie après la mort de Jean Cholet, seigneur de la Choletière, par lettres données au Plessis-du-Parc, le 3 octobre 1479. Il avait épousé *Jeanne* LA GARDE, qui mourut longtemps après son mari, le 13 mai 1493, dont il eut :

> 1.º *Louis*, chevalier, seigneur d'Estelan, de Bosc-Achard, etc., bailli de Troyes. Il était homme d'armes des ordonnances du roi sous le duc d'Orléans en 1495 et 1496, et est nommé *chevalier* dans une quittance qu'il donna le 21 février 1497. Il fut député par la noblesse aux États de Normandie la même année. Sa femme *Charlotte* L'HUILLIER, fille de Philippe l'Huillier, seigneur de Cailly et de Manicamp, chambellan du roi, capitaine de la Bastille, et de Gabrielle de Villiers de l'Isle-Adam, lui donna les enfants suivants :

A. *Madeleine*, dame d'Estelan, de Mesnil-
Hatte, etc., qui se maria avec *Jean* d'Esque-
toc, seigneur de Buglise et de Ricarville ;

B. *Isabelle*, dame de Bosc-Achard et de Quille-
bœuf, épousa le 3 novembre 1528 *François*
de Pompadour, vicomte de Comborn, veuf
d'Anne de la Rochefoucauld, fils d'Antoine de
Pompadour et de Catherine de la Tour-
Oliergues ;

C. *Hélène,* femme de *Frédéric* de Foix, seigneur
d'Almenesches, de Conches, de Ivermesnil
et de *Lyons*, grand écuyer du roi de Navarre.

2.° *Jean*, seigneur de Radeval, qui suit :

3.° *François*, archidiacre du Grand-Caux en l'église
de Rouen. Il fut présent à une transaction entre le
chapitre de Rouen et les trésoriers de l'église de
Saint-Étienne de cette ville, le dernier février
1496.

4.° *Gillette*, mariée : 1.° à *Jean* de Dreux, baron d'Es-
neval, vidame de Normandie ; 2.° à *Martin* de la
Caille, seigneur de Fréville.

5.° *Anne*, qui fut mariée par contrat du 26 mai 1490
à *Jean* de Monchy, seigneur de Montcavrel, fils de
Pierre de Monchy et de Marguerite de Lannoy.

II. *Jean* le Picart, seigneur de Radeval et de Neubosc,
conseiller et maître ordinaire de l'hôtel du roi, épousa *Geneviève* Basset, fille de Jean Basset de Normanville et de Ri-
berpré, bailli de Gisors, et d'Isabeau Roussel, dont :

III. *Georges* le Picart, seigneur de Radeval, qualifié
porteur d'enseignes d'une compagnie de quarante lances,
fournies des ordonnances du roi sous monsieur de Créquy,
dans une quittance qu'il donna le 26 juillet 1552. Il avait
épousé *Louise* de la Motte Bléquin, fille de Louis de la
Motte-Bléquin et d'Anne de Montmorency-Fosseux, dont

il eut Louise le Picart de Radeval, laquelle fut mariée, par contrat du 5 octobre 1572, à Christophe, baron de Bassompierre, fils de Francois, sire de Bassompierre, et de Marguerite de Dompmartin. De cette union naquit le fameux maréchal de Bassompierre, célèbre par sa bonne mine, ses amours et sa fidélité à la reine Marie de Médicis.

Branche de Gévaudan.

A cette époque, la famille s'éteignit dans la branche directe. Mais, au xvii* siècle, nous voyons une branche collatérale faire souche dans le Gévaudan en la personne de

I. Messire *Jacques* LE PICART de Radeval, de Selletot, chevalier de l'ordre royal et militaire de Saint-Louis. Il avait épousé haute et puissante damoiselle de SAINT-MARTIN DE CASSAGNAS, la plus riche héritière du Gévaudan, dont :

II. *Aldebert-Charles* LE PICART de Radeval, capitaine de dragons au régiment de Bauffremont, qui reçut du roi Louis XV le titre de comte de Barre et la croix de chevalier de Saint-Louis le jour même de la bataille de Fontenoy (11 mai 1745). Il avait épousé *Jeanne* de PARLIER DU FOLLAQUIER, dont il eut entre autres enfants :

III. *Aldebert-Charles-Jacques-Élisée* LE PICART de Radeval, de Selletot, comte de Barre. Celui-ci s'allia, au château de Malerargues, avec haute et puissante demoiselle *Marie-Françoise* de JULLIEN DE SAINT-JUST, fille de haut et puissant seigneur messire Jacques-Joseph de Jullien de Saint-Just, marquis de Mons, chevalier, seigneur de Malerargues, Mons, Monteils, Euzet, Vacquière, Saint-Just et autres places, chevalier de l'ordre royal et militaire de Saint-Louis et de dame Marie-Catherine de Chazelles, habitant au château de Malerargues, paroisse de Thoiras, diocèse d'Alais.

De cette union :

> 1.º *Charlotte*, mariée à son oncle, le vicomte de Barre, chevalier de l'ordre royal et militaire de Saint-Louis, capitaine des mousquetaires ;

> 2.º *Joseph-Charles-Alphonse*, né à Barre, le 1ᵉʳ janvier 1785, décédé à Nice, le 29 décembre 1862, à l'âge de 77 ans;

> 3.º *Marie-Elisabeth-Amélie*, née à Barre, le 15 juillet 1786, décédée au château du Mazel, le 23 octobre 1835 : elle avait épousé, le 22 octobre 1817, *Pierre-Louis-Théophile* de Parlier du Mazel, fils de Jacques-René-Constantin de la Roque de Parlier du Mazel, lieutenant au 1ᵉʳ bataillon de la Lozère, et de demoiselle Victoire de Sarrazin de la Devèze, fille de feu de Sarrazin de la Devèze et de demoiselle de Saint-Marcel;

> 4.º *Adélaïde;*

> 5.º *François-Armand*, né à Barre, le 11 mai 1790, décédé à Montbrison, le 30 juillet 1829. Après avoir pris part à la guerre d'Espagne, en qualité de sous-lieutenant, il devint capitaine au 10ᵉ régiment d'infanterie de ligne et obtint de S. A. M. le duc d'Angoulême la croix de chevalier de la Légion d'honneur;

> 6.º *Joseph-Eusèbe-Maurice-Scipion*, né au château de Fauguières (Lozère), en décembre 1805, décédé à Montpellier, le 11 mai 1821.

Armes : *De gueules, à 3 fers de pique d'argent, 2 et 1, les pointes en haut.*

Cimier : *Une tête de griffon dans un vol.*

Supports : *Deux lions.*

Devise : *Virtus omnia in se habet.*

DE LA ROQUE DE PARLIER DU MAZEL

—

ETTE famille, alliée à la précédente, est une des plus anciennes du Gévaudan ; elle fut maintenue dans sa noblesse par jugement souverain de M. Nicolas de Lamoignon, intendant du Languedoc, en date du 28 septembre 1716 (V. *Pièces justificatives*, n° 1).

Divers actes authentiques, et à des dates reculées, font mention de quelques-uns des membres de cette Maison. Par exemple, sous Louis XI, en 1472, nous trouvons un *Guillaume* de LA ROQUE DE PARLIER DU MAZEL, capitaine des gardes de Sa Majesté, à Plessis-les-Tours, auquel ce monarque concède la devise : *Cresce amando*, qu'elle n'a cessé de porter depuis.

Plus tard, en 1570, *Jeanne* de PARLIER, fille de Claude de Parlier et de demoiselle Marie de Malzac, épouse, le 10 janvier, noble Louis de Treilhes, capitaine, fils de feu noble Bertrand de Treilhes et de demoiselle Lucrèce de Saunier.

Enfin, on voit encore *Françoise* de PARLIER DE LA ROQUE épouser, le 7 février 1622, *Pierre* de GIRARD, fils de Bernard de Girard et de Marguerite Greffeuilhe.

Mais ce n'est que vers la fin du xvie siècle que la filiation de cette maison s'établit d'une manière continue, ainsi qu'il suit :

I. *Antoine* de PARLIER, seigneur du Puech Coudoula et de Langlade, contracta mariage, le 20 juin 1624, avec demoiselle *Louise* de SAINT-MARTIN, fille de feu noble Antoine de Saint-Martin et de demoiselle Antoinette du Follaquier, dont il eut :

1.º *Antoinette,* qui épousa, le 8 février 1647, noble *François* de Leyris, seigneur de Valmale, du lieu de Saint-Étienne de Valfranchisque, fils de feu Antoine de Leyris, seigneur de Valmale, et de demoiselle Françoise de Leyris;

2.º *Isabeau* de la Roque, qui s'allia, le 14 janvier 1649, avec noble de Girard, seigneur de la Garde;

3º *Pierre*, qui suit.

4.º *Louise* de Parlier qui épousa, le 30 mai 1656, *Charles* d'Arnal, sieur de la Camp, fils de noble Jean d'Arnal, sieur de la Camp et de la Devèze, y habitant, et de feu demoiselle Suzanne de Donzel;

5.º *Antoine* de Parlier, seigneur du Mazel, de la Roque et autres places, épousa demoiselle *Marguerite* de Vignolles, fille du vicomte Charles de Vignolles, habitant à Montpellier, lequel était fils du marquis Gaspard de Vignolles, président à mortier au Parlement de Toulouse. Antoine de Parlier se distingua au service du roi Louis XIV, en qualité de capitaine dans les régiments de Piémont, de Monnet et de Ponthieu. En 1683, il fut fait chevalier des ordres royaux et militaires de Saint-Lazare de Jérusalem et de Notre-Dame du Mont-Carmel. Il mourut sans postérité en 1726.

II. *Pierre* de Parlier, seigneur du Mazel, épousa, par contrat passé au château d'Angueyresque, diocèse de Rodez, mandement d'Arpajon, le 27 avril 1654, demoiselle *Marguerite* de Guirard, fille de noble Jean de Guirard, seigneur d'Angueyresque, et de demoiselle Marguerite de Durand, laquelle eut pour sœur Anne de Guirard, femme de noble de Brinquière, seigneur de Comelis.

De ce mariage vinrent :

1.º *Antoine*, né le 10 mars 1655;

2.º *Louise*, née le 21 février 1657, qui épousa le sieur de Girard, en 1699;

3.º *Isabeau*, née le 7 juillet 1661 ;

4.º *Charles*, né le 10 mai 1667 ;

5.º *Pierre*, qui suit ;

6.º *Jean*, né le 30 décembre 1673. A propos de cette dernière naissance, voici la note du grand livre de famille :

« Il sera mémoire à ma postérité qu'à cette naissance Dieu nous a départi sa grâce et sa bonté extraordinaires, estant véritable qu'après trois jours et trois nuits de souffrance pour la mère et après les remèdes que l'invention humaine peut avoir donné, ayant été rapporté par les sages-femmes que l'enfant estoit mort dans le ventre de la mère et avoir la mère abandonnée par elles, ayant fermé le lit avec les rideaux, n'attendant plus que l'heure de la mort, elle se délivre d'un fils sans aucun secours humain, qui n'eut pas d'incommodité qu'au bras droit que la sage-femme lui avoit disloqué et qui fut accommodé le lendemain. Dieu me fasse la grâce et aux miens de recognoistre à jamais ce mirache du ciel en ma faveur. »

III. *Pierre* de PARLIER, seigneur de Monsoubeiran et du Mazel, naquit le 15 février 1667 et mourut le 25 mars 1751, âgé de 84 ans. Il avait épousé, le 29 octobre 1712, demoiselle *Marie* de TREILHES, fille de feu Pierre de Treilhes, seigneur de la Boissonnade et de la Roquette, et de demoiselle Marguerite de Sabatier, dont :

1.º *Marguerite*, née le 30 novembre 1713, qui épousa, le 29 septembre 1740, messire *Jean-Antoine* de VIETTE, sieur de Leyris, fils de Jean de Viette et de demoiselle Anne de Sabatier ;

2.º *Marie-Louise*, née le 6 janvier 1715 ;

3.º *Marianne*, née le 22 août 1716, morte en 1803 ;

4.º *Antoine*, qui suit ;

5.º *Pierre*, né le 20 octobre 1719 ;

6.º *Louise*, née le 10 décembre 1721 ;

    7.° *Marie-Magdeleine*, née le 10 mai 1723, morte en 1806;

    8.° *Jeanne* du Follaquier, née le 24 juillet 1724, qui épousa *Aldebert-Charles* LE PICART de Radeval;

    9.° *Antoine* et *Baptiste*, frères jumeaux, nés le 28 novembre 1725;

    10.° *Pierre-Antoine*, né le 16 septembre 1727.

IV. Noble *Antoine* de PARLIER, seigneur du Mazel, né le 9 janvier 1718; épousa, le 9 décembre 1755, demoiselle *Louise* de BOUSQUET, fille de Jacques de Bousquet, conseiller du roi, juge magistrat en la sénéchaussée et siége présidial de Nismes, et de demoiselle Marie du Crouzet.

De cette union :

    1.° *Jacques-Pierre*, né le 24 octobre 1756, mort en 1829, curé du Pompidou, dans le Gévaudan (Lozère);

    2.° *Louis-Antoine*, né le 1ᵉʳ décembre 1759, mort le 15 du même mois et de la même année;

    3.° *Marianne-Louise*, née le 5 novembre 1757, qui épousa le sieur de MALAVAL, habitant Langogne;

    4.° *Antoine-Paul*, qui suit;

    5.° *Louis-Ange*, né le 16 octobre 1761, fut garde du corps du roi Louis XVI;

    6.° *Anne-Françoise*, née le 10 octobre 1762, décédée le 21 mai 1765;

    7.° *Marc-Antoine*, né le 5 janvier 1764, mort le 12 mai 1765;

    8.° *Marie-Mélanie*, née le 16 mai 1765, décédée le 11 juillet 1768;

    9.° *Marie-Blanche*, née le 25 mai 1766;

    10.° *Marie-Laurence*, née le 1ᵉʳ juillet 1767, décédée le 15 du même mois et de la même année;

> 11.º *René-Jacques-Constantin*, qui suivra ;
>
> 12.º *Paul-Thomas-Philémon,* né le 29 décembre 1769, mort à l'armée ;
>
> 13.º *Catherine-Olympe*, née le 25 novembre 1771, qui devint madame Firmin.

V. *Antoine-Paul* de Parlier, dit le chevalier du Mazel, né le 4 mars 1760, épousa demoiselle de Clerguemort, du lieu de Saint-Etienne de Valfranchisque, dont il n'eut aucune postérité.

V. *René-Jacques-Constantin* de Parlier, du Mazel, de la Roque, frère puîné du précédent, naquit le 12 novembre 1768. Au sujet de sa naissance, voici la note du grand livre de famille :

« Il doit être mémorable, pour avoir une reconnaissance infinie à la bonté de Dieu, que la mère a couru un grand danger, dans l'enfantement, par les douleurs vives, qui ont duré toute une journée, sans pouvoir mettre au jour son enfant, et enfin, ayant accouché, elle n'a pu se délivrer que quinze heures après, que par le secours d'un chirurgien, qui fut chercher l'arrière-faix dans le corps ; ma postérité ne doit jamais oublier d'en rendre à Dieu des actions de grâce. Signé : Du Mazel. »

Il épousa demoiselle *Marie-Victoire* de Sarrazin, fille de de Sarrazin de la Devèze et de demoiselle de Saint-Marcel, dont il eut :

> 1.º *Françoise-Fanny*, née en 1795 ;
>
> 2.º *Pierre-Louis-Théophile*, qui suit.

VI. *Pierre-Louis-Théophile* du Parlier, de la Roque, du Mazel, contracta mariage avec demoiselle *Marie-Elisabeth-Amélie* de Barre, fille du sieur Le Picart de Radeval de

Selletot, comte de Barre, et de demoiselle de Julien de Saint-Just, fille de messire de Julien Saint-Just, marquis de Mors, et de demoiselle de Chazelles.

De ce mariage :

    1.° *Marie-Françoise-Cinthie*, née le 25 août 1818;

    2.° *Pierre-Amédée-Virgile*, né le 10 octobre 1819;

    3.° *Théophile-Albert*, né le 20 janvier 1820, mort en bas âge;

    4.° *Marie-Zoé*, née le 16 août 1822;

    5.° *Pierre-Louis-Camille-Lucien*, qui suit;

    6.° *Elisée-Alphonse*, né le 10 avril 1830. Il épousa, le 28 avril 1863, demoiselle *Valentine* FERRAND DE MISSOL, dont :

        A. *Saint-Ange*, né à Uzès, le 28 avril 1864;

        B. *Gaston*, né à Paris, le 13 août 1868;

        C. *Amédée*, né à Paris le 2 juillet 1872;

        D. *Louis*, né à Paris le 21 août 1874.

    7.° *Pierre-Amédée-Hippolyte*, né le 23 mai 1831. Il épousa, le 22 juillet 1872, demoiselle *Mathéa* de REYNARD.

VII. *Pierre-Louis-Camille-Lucien*, comte de PARLIER DU MAZEL, naquit le 23 octobre 1827. Il se maria, le 12 octobre 1867, avec demoiselle *Eugénie-Julie* d'AGEN. Par testament olographe en date du 12 mars 1862, *Joseph-Alphonse-Charles* LE PICART de Radeval de Selletot, comte de Barre, lègue à son neveu Pierre-Louis-Camille-Lucien de Parlier du Mazel, son neveu, son titre de comte, l'autorisant en outre à joindre les armes de la famille de Barre aux armes de sa famille paternelle. (V. *Pièces justificatives*, n° 2.)

ARMES : *Ecartelé : au 1 et 4, de sable, au rocher d'argent, au chef cousu d'azur, chargé de trois étoiles d'or*, qui est de

PARLIER; *au 2 et 3, de gueules, à trois fers de pique, 2 et 1, les pointes en haut,* qui est de LE PICART.

TIMBRE : *Couronne de comte.*

SUPPORTS : *Deux lions.*

DEVISE : *Cresce amando.*

PIÈCES JUSTIFICATIVES.

—

NUMÉRO I.

Extrait des archives de la préfecture de la Lozère :

Jugements rendus en faveur de certains nobles du diocèse de Mende,

Mᵉ Antoine de Parlier, sieur du Mazel, la Roque, etc.;

Nicolas de Lamoignon, chevalier, etc.;

Entre Mᵉ François Ferrand, chargé par Sa Majesté de la recherche des usurpateurs du titre de noblesse, en exécution des déclarations du roy des années 1696, 1702 et 16 janvier 1714, d'une part;

Et messire Antoine de Parlier, seigneur du Mazel, de la Roque et autres places, chevalier des ordres royaux et militaires de Notre-Dame de Mont-Carmel et de Saint-Lazare-de-Jérusalem, ancien capitaine dans le régiment de Piémont, habitant dans son château du Mazel, au diocèse de Mende;

Veu les déclarations du roy des années 1696 et 1702, et celle du 16 janvier 1714, rendues pour la recherche et continuation de recherche des usurpateurs du titre de noblesse et qualification de nobles, l'exploit d'assignation donnée audit sieur Antoine de Parlier, seigneur du Mazel, le 15 février 1715..........

Lettres de réception et de prestation de serment de chevalier dans l'ordre de Notre-Dame de Mont-Carmel et de Saint-Lazare de Jérusalem du sieur Antoine de Parlier du Mazel, capitaine au régiment de Ponthieu, du 3 janvier 1687, signé : de Louvois ;

Arrêt du Grand Conseil du 27 février 1672, par lequel il est permis aux chevaliers de justice du susdit ordre de prendre la qualité de messire et de chevalier, commission de capitaine dans le régiment de Piémont, en faveur du sieur du Mazel, produisant, du 6 novembre 1673, signée : Louis le Tellier ;

Ordre du roy adressé au sieur du Mazel, du 6 mars 1681, qui casse le sieur Le Roy, lieutenant au régiment de Monnet ;

Lettres de M. le prince de Monnet au produisant, des 30 may, 8 et 12 juin 1681 ;

Quatre lettres de M. le marquis de Louvois, ministre d'Etat, au sieur du Mazel, produisant, commandant dans Monnet pour l'exécution des ordres du roy ;

Cinq ordres du roy aux capitaines et officiers du régiment de Ponthieu adressés au sieur du Mazel, premier capitaine commandant, où il fut incorporé, des 16 janvier, 28 mars, 20 avril 1686, 15 septembre et 17 novembre 1687;

L'arbre généalogique de la famille dudit sieur du Mazel avec les armoiries qu'il remit lors de sa réception de chevalier, du 3 janvier 1683 ;

Inventaire de production dudit seigneur du Mazel, la Roque, produisant;

Conclusions du sieur Lecourt, procureur du roy en la Commission,

Tout considéré,

Nous avons déclaré ledit sieur Antoine de Parlier, seigneur du Mazel, la Roque et autres places, noble et issu de noble race et lignée.

Ordonnons que tant luy que sa postérité, nés et à naître de légitime mariage, jouiront du privilége de noblesse, tant et si longtemps qu'ils vivront noblement et ne feront acte dérogeant à noblesse, auquel effet il sera inscrit par nom, surnom, armes et lieu de sa demeure dans le catalogue des véritables de la province de Languedoc.

Fait à Montpellier, le 28 septembre 1716,

DE LAMOIGNON.

Certifié conforme, par nous, conseiller de préfecture, faisant fonctions de secrétaire général,

Mende, le 11 mai 1861,

L. RIMBAUD.

Visé pour collation, par nous, archiviste de la préfecture,

Mende, le 11 mai 1861,

BALDIT.

Sceaux de la préfecture dela Lozère et des archives de Mende.

NUMÉRO 2.

Par-devant Me Eugène Farrenc et son collègue, notaires à Nice, soussignés :

A comparu

M. Joseph-Alphonse-Charles Le Picart de Radeval, de

Selletot, comte de Barre, rentier demeurant à Nice, Cours,
n° 1,

> « Né à Barre (Lozère), le premier janvier mil sept
> cent quatre-vingt-cinq, fils aîné légitime de messire
> Aldebert-Charles-Jacques-Elisée Le Picart de Ra-
> deval, de Selletot, chevalier, comte de Barre, le tout
> ainsi déclaré. »

Lequel, attendu son âge avancé et son défaut de postérité
et descendance, a, par le présent acte, déclaré donner son
consentement à ce que M. Pierre-Louis-Camille-Lucien de
Parlier du Mazel, son neveu, majeur, propriétaire, demeurant à Nice, place Napoléon, n° 6, ici présent et acceptant,
fasse toutes demandes et remplisse toutes formalités nécessaires auprès de l'autorité compétente à l'effet d'être autorisé
à porter, lui et ses descendants, le titre de comte de Barre,
qui appartient au comparant; ce dernier faisant ici à M. de
Parlier du Mazel, son neveu, toute cession du titre dont il
s'agit en tant que besoin serait, comme il l'a fait par une
déclaration sous signatures privées en date à Nice du douze
mars dernier, sur timbre à soixante-dix centimes, revêtue de
la signature du comparant, signature qu'il avère et recon-
naît. Laquelle pièce est demeurée ci-annexée après avoir été
certifiée véritable par M. le comte de Barre, comparant en
présence des notaires soussignés et revêtue d'une mention
d'annexe par lesdits notaires.

Dont acte :

Fait et passé à Nice, en la demeure de M. le comte de Barre
pour ce qui le concerne, et en l'étude de Mᵉ Farrenc, l'un des
notaires pour M. de Parlier du Mazel,

L'an mil huit cent soixante-deux et les dix et douze mai.

Et, après lecture faite, M. le comte de Barre a signé avec
M. du Mazel et les notaires.

Suivent les signatures.

Enregistré à Nice, le seize mai 1862, fol. 128 r°, c. 5; reçu
deux francs, décime vingt centimes. — Deloche.

Suit la teneur de l'annexe :

Je soussigné, Joseph-Alphonse-Charles Le Picart de Radebal, de Selletot, comte de Barre, rentier, demeurant à Nice, Cours, n° 1, déclare que le titre de comte de Barre m'appartient en toute propriété devant la loi ; que je tiens ce titre de mon père Aldebert-Charles-Jacques-Elisée Le Picart de Radeval, de Selletot, comte de Barre, baron des Etats du Gévaudan, ancien capitaine de cavalerie au régiment de la reine, lequel le tenait de son père messire Aldebert-Charles Le Picart de Selletot, ancien capitaine de dragons au régiment de Beaufremont, chevalier de Saint-Louis, lequel le tenait de son père messire Jacques Le Picart de Selletot, major du régiment de Chazelles, chevalier de Saint-Louis ;

Considérant que je suis le dernier descendant direct de la famille Le Picart de Radeval, de Selletot, de Barre, par suite de la mort de mes deux frères, Armand et Scipion de Barre ; que, par conséquent, je suis le seul légitime possesseur du titre de comte de Barre ; je déclare, veux et entends irrévocablement que le titre de comte appartienne à mon cher et bien-aimé neveu Pierre-Louis-Camille-Lucien de Parlier du Mazel, né au château du Mazel, commune de Molezon (Lozère), le ving-trois octobre mil huit cent vingt-sept.

Je cède donc irrévocablement à mon susdit neveu, tant pour lui que pour sa postérité, mon titre de comte, l'autorisant en outre de joindre les armes de sa famille paternelle, ne lui demandant pour prix de l'abandon que je lui fais de mon titre de comte que son amitié, à laquelle je tiens infiniment, ayant pour lui les sentiments les plus tendres et l'estime la plus parfaite.

Fait à Nice, le douze mai mil huit cent soixante-deux.

Ensuite est écrit :

Ceci est ma volonté.

Signé : le comte Alphonse DE BARRE.

Ensuite est la mention suivante :

Annexé à la minute d'un acte de consentement reçu par Mᵉ Farrenc et son collègue, notaires à Nice, soussignés, les dix et douze mai mil huit cent soixante-deux.

Suivent les signatures.

Enregistré à Nice, le seize mai mil huit cent soixante-deux, fᵒ 196 rᵒ, c. 9; reçu deux francs, décime vingt centimes

Signé : Deloche

Expédition collationnée.

Eugène Farrenc, notaire.

Vu pour la légalisation de la signature du sieur Eugène Farrenc, notaire.

Nice, le 16 mai 1862.

Pour le président du tribunal de première instance,

Uberti, juge.

Sceaux du notaire et du tribunal de première instance de Nice.

FROC DE GENINVILLE.

—

 ETTE famille, originaire du Gâtinais, descend en ligne directe de *Jacques* Froc de Geninville, conseiller du roi et son procureur en l'élection de Pithiviers et au bailliage royal d'Yèvre-le-Châtel.

Jacques Froc de Geninville fit, avec Frédéric-Louis Norden, le voyage d'Égypte et de Nubie, en 1737, et l'accompagna dans ses expéditions les plus périlleuses. Chargé par le pape Clément XII d'une mission à Jérusalem, il reçut du Souverain-Pontife la croix de chevalier de l'Éperon-d'Or et le titre de comte de Saint-Jean-de-Latran.

La souche de cette famille s'est divisée en deux branches : celle des Froc de la Boulaye et celle des Froc de Geninville, dont voici la descendance :

I. *Abraham-Jacques* Froc de Geninville, fils de Jacques, qui précède, fut avocat au Parlement, juge au tribunal civil de Pithiviers et d'Orléans. Il épousa, en novembre 1770, demoiselle *Marie-Julie* Chopelet de Chaumont, fille de messire Chopelet de Chaumont, seigneur de Chenouteau, Chenou et autres lieux, dont il eut :

II. *Pierre-César* Froc de Geninville, juge de paix, né le 11 juillet 1774, décédé le 3 septembre 1865. Il avait épousé, le 29 pluviôse an IV (18 février 1796), *Marie-Salomée-Agathe* Fouret, d'où :

1.º *Pierre-Abraham*, qui suit;
2.º *Auguste-Savinien;*
3.º *Julie;*
4º *Aglaë.*

III. *Pierre-Abraham* Froc de Geninville, né le 16 frimaire an V (6 décembre 1796), percepteur et receveur municipal, mourut le 22 mai 1854. De son mariage avec *Louise-Clorinde* Hian, il laissa :

1.º *Pierre*, qui suit;
2.º *Marie-Louise-Angèle*, née le 7 août 1828, décédée le 3 novembre 1841.

IV. *Pierre* Froc de Géninville, né le 8 mai 1826, s'est marié le 12 novembre 1860 à *Eléonore-Julie* Bourdot. De cette union vinrent :

1.º *Louis-Paul ;*

2.º *Marie-Eléonore;*

3.º *Louise-Gabrielle.*

Armes: *De sinople, au cœur soutenant une croix potencée, accompagné de deux palmes, le tout d'argent; au chef cousu d'azur, chargé d'une étoile aussi d'argent.*

DE SARDELYS.

Ean-*Gabriel-Henri-Ernest* Deville, marquis de Sardelys, d'abord capitaine commandant les guides de la garde impériale, et ensuite trésorier général des finances; chevalier, officier, commandeur ou grand'croix des ordres de la Légion d'honneur, de Pie IX, de Waza, du Lion et du Soleil, de Charles III, de Medjidié, du Christ de Portugal, etc., etc.; né le 18 décembre 1823; créé marquis de Sardelys, avec hérédité de mâle en mâle, par brevet authentique du souverain Conseil de la république de San-Marino, en date du 29 janvier 1866; inscrit au livre d'or comme patricien et citoyen de ladite république, ainsi que tous ses descendants, en date du 8 mars 1869; autorisé à prendre le nom de Sardelys en France par décret impérial, inscrit au *Bulletin des lois*, en date du 1er septembre 1869; autorisé à accepter et à prendre les qualités et titres de citoyen et de patricien de l'Etat de San-Marino, sans perdre la qualité de Français, par décret impérial en date du 5 janvier 1870, inscrit au *Bulletin des lois.*

Il a épousé, le 1er octobre 1863, *Marie-Amélie-Julie* Gréen de Saint-Marsault, dont :

> *Claude-Joseph* Brandelys · Deville de Sardelys,
> IIe du nom, né le 18 août 1864.

FERMÉ.

—

ETTE famille, établie en Anjou depuis le xvie siècle, fut dès cette époque, qualifiée noble dans les Archives. En voici la suite chronologique des principaux membres dans la ligne directe :

Jacques Fermé, huissier du Grand Conseil, né le 6 février 1612.

Jacques Fermé, écuyer, conseiller secrétaire du roi, etc., né le 22 janvier 1650 (1).

Urbain Fermé, né le 22 mai 1682.

Nicolas Fermé des Chesneaux, né en 1711.

Louis Fermé des Chesneaux, né en 1754.

Louis, né le 3 septembre 1793.

Ferdinand-Charles Fermé des Chesneaux, officier de marine, officier de la Légion d'honneur, né le 16 juin 1822 ; il a épousé demoiselle *Julie-Henriette* Orré, de la branche Orré de la Barre.

Alliances : De Montgeroult, de Fiennes, Pallu de Sourdé, de Rochecave, etc., etc.

Armes : *D'argent, au lion de gueules, au chef d'azur chargé de trois besants d'or* (2).

ORRÉ DE LA BARRE.

Alliances : De Vandœuvre, de Bournezeau, de Mége, de Raymond, du Portal, de Malaunay, de la Messardière, de Vendel, de la Ville de Baugé, de Fromental, etc.

Armes : *D'azur, au lion d'or, armé et lampassé de gueules, au chef de gueules chargé de trois macles d'argent. L'écu avec une bordure d'or* (3).

---

(1) La Chesnaie des Bois, t. V, p. 582.
(2) *Armorial manuscrit* de d'Hozier, t. II, p. 270 et 782.
(3) *Armorial manuscrit* Génér. de Poitiers, fol. 51, 52 et 263.

DES NOS.

L maison des Nos est originaire de Bretagne et y possède encore la terre de son nom près de Matignon, département des Côtes-du-Nord.

Le premier des Nos connu signa en 1165 à Ptolemaïs le testament d'un de ses compagnons d'armes, croisé breton, le sire de la Boessière.

Willelmus DES Nos figure comme témoin en 1219 dans une donation de Pierre de Tournemine, à l'abbaye de Saint-Aubin-des-Bois (1).

Roland DES Nos prit part à la croisade de saint Louis en 1248. Ses armes sont au Musée de Versailles.

Depuis ce Roland des Nos jusqu'à nos jours, la généalogie de cette maison est régulièrement établie. Elle se trouve en divers ouvrages généalogiques, dans les réformations de la noblesse devant le Parlement de Bretagne (2) et dans les preuves de cour faites en juillet 1774 devant d'Hozier par Charles-Louis, comte des Nos, marquis de Pannard, maistre de camp, colonel du régiment du Maine. Ses descendants subsistent seuls aujourd'hui, la branche aînée des des Nos s'étant éteinte dans la maison des ducs de Beauvilliers Saint-Aignan, en la personne de Charlotte-Suzanne des Nos, comtesse de la Feuillée.

Cette famille s'est distinguée dans les armes, la magistrature et le clergé. Jehan des Nos, chevalier banneret, commandait en 1383, sous les ordres du connétable Olivier de Clisson,

---

(1) *Histoire des diocèses bretons,* par de Bourgogne et de Barthélemy, t. III, p. 52.

(2) Manuscrit de la Bibliothèque nationale.

une compagnie composée de trois chevaliers et de dix-sept écuyers (1).

Elle a fourni aux armées de terre et de mer un grand nombre d'officiers généraux et de chefs d'escadre, dont un vice-roi des îles et terre ferme de l'Amérique (2) et plusieurs gentilshommes de la Chambre des rois Henri III, Henri IV et Louis XIII, ainsi que nombre des chevaliers des ordres du roi.

Toussaint des Nos, dernier représentant de la branche des Nos des Fossés était, en 1789, président à mortier au Parlement de Bretagne.

Henri des Nos, d'abord évêque de Rennes, puis évêque, comte de Verdun, prince du Saint-Empire, finit la branche de Champmeslin.

La famille des Nos, l'une des plus anciennes de Bretagne, a toujours partagé ses cadets à usufruit et bienfait seulement, suivant l'assise du comte Geoffroy, comme le pratiquèrent jusqu'à la réunion de la Bretagne à la France les plus anciennes familles de cette province, qui avaient signé et consenti ladite assise.

La maison des Nos a fait des alliances dans les familles les plus distinguées. Je ne citerai que les de Guyon-Matignon, de Châteaubriant, de Brébant, de Quélen, de Tournemine, de la Hunandais, de Boisgelin, de Kergus, de Kergorlay, de Chavagnac, de Thellusson et de Cumont.

Armes : *D'argent, au lion de sable, armé, couronné et lampassé de gueules.*

Devise : *Marche droit.*

Cri de guerre : *Saint-Pierre des Nos.*

---

(1) Don Morice, t. II, 471, et Chambre des comptes de Paris.
(2) Lachenaye-Desbois.

SUBLET D'HEUDICOURT
DE LENONCOURT.

—

Marquis de Lenoncourt et d'Heudicourt, seigneurs d'Hébécourt, de Romilly, de Serres, de Trognon, de Troisville, de Voinville, de Varneville, de Bruxerulle, de l'ile de Porquerolles, de Charonne et autres lieux, en Lorraine, Franche-Comté et Normandie.

La maison de Lenoncourt, qui a porté depuis le onzième siècle jusqu'au quartorzième le nom de Nancy, est l'une des quatre plus anciennes de la chevalerie de Lorraine, et elle a constamment conservé par l'éclat de ses services et par ses hautes alliances un des rangs les plus élevés dans la noblesse française.

Suivant la plupart des historiens et des héraldistes, elle aurait une origine commune avec l'illustre maison de Lorraine, qui occupe aujourd'hui le trône impérial d'Autriche. Le premier personnage connu de cette maison est Odelric de Nancy, *alias* de Nancey (Nances), qui souscrivit, en 1069, à une charte d'Eudes, évêque de Toul. Le savant P. Vignier, de l'Oratoire, cite cette charte dans ses *Preuves de l'Histoire de la Maison de Lorraine*, page 128, et fait remarquer qu'à la même époque vivait un Odelric, qualifié frère de Gérard, duc de Lorraine, dans une charte d'Adalbéron, évêque de de Metz, de l'année 1065. C'est sur ce rapprochement de noms et de dates qu'est fondée l'opinion très-vraisemblable, suivant laquelle la famille de Lenoncourt serait une branche cadette de la maison de Lorraine.

[On trouve dans un titre de l'an 1076 un Liétard de Nancy.

Ic.   10

Drogo (Dreux) de Nancy, sénéchal de Lorraine, fut un des signataires d'une charte du duc Thierry (1070-1115). Il paraît avoir eu pour fils un autre Drogo de Nancy, qui souscrivit, le 14 mai 1176, une charte de Simon II, duc de Lorraine, en faveur de l'abbaye de Clairlieu, et qui, ayant pris l'habit religieux dans l'abbaye de Beaupré, au diocèse de Toul, fit à ce monastère, du consentement de ses deux fils, Simon de Wauthier, une donation ratifiée par Simon, duc de Lorraine, le 11 janvier 1177. Dans cet acte de ratification, le duc Simon dit que Drogon de Nancey avait été sénéchal du duc Mathieu Ier, son père.

Les historiens les plus dignes de foi, entre autres Vignier, Le Laboureur et Dom Calmet, reconnaissent dans les personnages que nous venons de nommer, les premiers auteurs de la maison de Lenoncourt. Mais la généalogie non interrompue qui a été dressée par le P. Anselme, sur des titres de la Bibliothèque du roi et du cabinet de Clérambault, n'établit la filiation directe que depuis Gérard de Nancey.

La généalogie de cette illustre famille est assez connue pour que nous nous bornions à n'en parler que du moment où, n'étant plus représenté que par une seule héritière, Marie-Anne-Françoise de Lenoncourt, fille unique d'Antoine de Lenoncourt, comte d'Ave et d'Asberg, et de Cécile-Marie de Morsberg, ce nom fut relevé par la maison de Sublet, branche d'Heudicourt, à laquelle elle apporta les titres et les armes de Lenoncourt, en épousant Denis Sublet, comte d'Heudicourt, en 1677.

La maison de Sublet qui, par le mariage dont nous venons de parler, héritait du nom illustre de Lenoncourt, occupait elle-même un rang distingué dans la noblesse française. Elle comptait, dès cette époque, plusieurs personnages éminents dans les conseils de nos rois, dans l'administration et dans l'armée ; elle avait été admise dans l'ordre de Malte et dans les pages de la grande écurie, et maintenue dans ses prérogatives nobiliaires par jugement du 20 février 1669.

Originaire de Blois, elle est des plus anciennes de France.

De nos jours, elle est fixée en Normandie et en Franche-Comté (1).

I. *Michel* SUBLET, 1er du nom, seigneur d'Heudicourt, intendant et contrôleur général des finances, conseiller d'Etat, intendant de l'ordre du Saint-Esprit en 1593, mourut en 1599; il avait épousé *Marie* BOULIER, morte en 1624. De ce mariage :

> 1.° *Claude* SUBLET, dont l'article viendra;
>
> 2.° *Pierre* SUBLET, seigneur de Romilly, trésorier de l'ordinaire des guerres, mort le 16 janvier 1654. Il avait épousé : 1° Louise Gaulas de La Mothe, de laquelle il n'eut que des enfants qui moururent jeunes; 2° Martine du Tremblay, mariée le 30 juillet 1617. Il laissa d'elle :
>
>> *a.* *Pierre* SUBLET, seigneur de Romilly, abbé de de Saint-Éloi;
>>
>> *b.* *Michel* SUBLET, chevalier de Malte, longtemps détenu chez les Turcs;
>>
>> *c.* *Marie* SUBLET, qui épousa Julien Le Bret de Hucourt, et mourut en 1686.
>
> 3.° *Michel* SUBLET, abbé de Vendôme en 1615, puis de Ferrières; il mourut en 1649;
>
> 4.° *François* SUBLET, seigneur d'Hébécourt, qui épousa Marguerite Hurault de Saint-Denis, de laquelle il eut :
>
>> *François* SUBLET d'Hébécourt, tué en duel en 1666. Il avait épousé Madeleine Marchand, de laquelle il laissa plusieurs enfants.

---

(1) *François* SUBLET, seigneur des Noyers, surintendant des finances en 1624 et secrétaire d'Etat au département de la guerre en 1636, était de cette maison. Ce ministre fut un véritable protecteur des arts et des sciences ; c'est lui qui fonda l'Imprimerie royale dans les galeries du Louvre. Il mourut le 26 octobre 1645.

5.º *Diane* Sublet, mariée à Nicolas Foyet, secrétaire du roi, président des comptes, morte en 1647;

6.º *Marie* Sublet, mariée à Pierre de Roncherolles, seigneur de Menneville;

7.º *Madeleine* Sublet, qui épousa Guy de Fours de Guitry.

II. *Claude* Sublet, seigneur d'Heudicourt, conseiller au parlement en 1595, mourut en 1626. Il avait épousé *Madeleine* Favereau, de laquelle il laissa :

1.º *Michel II*º, qui suit;

2.º *Marie* Sublet, qui épousa Nicolas Le Sueur, seigneur d'Aulny.

III. *Michel* Sublet, IIᵉ du nom, seigneur d'Heudicourt, fut sergent de bataille, et servit en qualité de maréchal-de-camp, à la bataille de Sedan, en 1641 ; il fut depuis lieutenant général des armées du roi et gouverneur de Landrecies en 1647; il mourut en 1665. Il avait épousé *Denise* Bourbon, morte en 1657. De cette union naquirent :

1.º *Michel III*ᵉ, dont l'article suit;

2.º *Claude* Sublet, capitaine de cavalerie dans le régiment de son frère, mort de ses blessures en 1672;

3.º *François* Sublet, capitaine au régiment de Picardie infanterie, pendant vingt-six ans, puis capitaine de cavalerie au régiment de son frère aîné, quitta le service en 1684, et fut gentilhomme de la Louveterie;

4.º *Louis* Sublet, abbé commandataire de l'abbaye de Saint-Fuscien, en 1711;

5.º *Denis* Sublet, comte d'Heudicourt, qui a fondé la branche d'Heudicourt-Lenoncourt, la seule qui existe et dont il sera parlé ci-après;

6.º *Marie* Sᴜʙʟᴇᴛ, mariée à N... du Rosay, maître des Eaux et Forêts de Normandie;

7.º *Marguerite* Sᴜʙʟᴇᴛ, mariée à N...; seigneur d'Agencourt en Bourgogne.

IV. *Michel* Sᴜʙʟᴇᴛ, IIIᵉ du nom, marquis d'Heudicourt, grand louvetier de France, mestre de camp d'un régiment de cavalerie de son nom, brigadier des armées du roi, quitta le service en 1684. Il avait épousé, en 1666, *Bonne* de Pᴏɴs, morte en 1709, dont il eut :

1.º *Michel* Sᴜʙʟᴇᴛ, marquis d'Heudicourt, lieutenant au régiment du roi, tué à la bataille de Nerwinde, en 1693;

2.º *Pons-Auguste*, dont l'article suit ;

3.º *Gaston-Armand* Sᴜʙʟᴇᴛ, abbé de la Roue en 1695, nommé évêque d'Évreux en 1709, mort à Rouen en 1710, sans avoir été sacré;

4.º *Louise* Sᴜʙʟᴇᴛ, dame du palais de Madame la Dauphine, fut mariée, en 1688, à Jean-François Cordebeuf de Beauverger, marquis de Mongon, colonel du régiment des cuirassiers du roi, lieutenant-général en 1702.

V. *Pons-Auguste* Sᴜʙʟᴇᴛ, marquis d'Heudicourt, mestre de camp du régiment de Vivarais en 1702, servit à la bataille d'Hochstett en 1703, fut fait brigadier des armées du roi en 1709 et grand louvetier de France en 1718, sur la démission de son père. Il avait épousé, au mois de mai 1715, *Louise-Julie* de Hᴀᴜᴛᴇꜰᴏʀᴛ ᴅᴇ Sᴜʀᴠɪʟʟᴇ, de laquelle il ne laissa qu'une fille unique :

Charlotte-Alexandrine Sᴜʙʟᴇᴛ, marquise d'Heudicourt, née le 22 mars 1722, fut mariée, en 1737, à *Antonin-Armand* ᴅᴇ Bᴇʟsᴜɴᴄᴇ; ce fut en faveur de ce mariage que Pons-Auguste Sublet, marquis d'Heudicourt, se démit de l'office de grand louvetier de France, dont M. de Belsunce fut revêtu ; elle fut mère de :

> *Louis-Antonin* DE BELSUNCE, colonel du régiment de Dragons de son nom, mort en Hollande, n'ayant laissé qu'un fils, mort sans alliance et sans postérité.

Branche de Sublet, marquis d'Heudicourt-Lenoncourt.

IV. *Denis* SUBLET, comte d'Heudicourt, cinquième fils de Michel Sublet, III⁰ du nom, fut lieutenant-colonel du régiment de cavalerie de Karcado, et quitta le service en 1674, après s'être trouvé à la sanglante bataille de Sénef. Il épousa *Marie-Françoise*, marquise de LENONCOURT (1), fille unique et héritière d'Antoine de Lenoncourt, comte d'Ave et d'Asberg, grand écuyer du duc de Lorraine. Ce fut à raison de ce mariage que cette branche de Sublet-Heudicourt prit le nom et les armes de Lenoncourt. Les enfants de ce mariage furent, entre autres :

> 1.⁰ *Joseph-Michel*, qui suit ;
>
> 2.⁰ *Guéri* SUBLET, brigadier des armées du roi, en faveur duquel les terres de Trognon, Troisville, Voinville, Varneville et Bruxerulle, furent érigées en marquisat sous le nom d'*Heudicourt*, par lettres-patentes du 7 février 1737. Il épousa, en 1750, Anne Moreau, veuve de Charles de Barrois, comte de Cœurs, baron de Manonville. Il ne reste point de postérité de cette alliance.

V. *Joseph-Michel-Nicolas* SUBLET D'HEUDICOURT, marquis de LENONCOURT, seigneur de Serres, etc., né à Nancy en

---

(1) La maison de Lenoncourt est une des plus illustres de France. Quelques auteurs lui donnent une origine commune avec celle de Lorraine, qui est aujourd'hui impériale d'Allemagne.

1680, reçu page du roi en la grande écurie, sur preuves de noblesse paternelle et maternelle, le 12 décembre 1696; fut nommé mestre de camp du régiment de cavalerie de Bartáillac, le 15 août 1706, et brigadier des armées du roi le 20 février 1734; il mourut à Montreuil-sur-Mer le 8 mai 1765.

Le marquis de Lenoncourt avait épousé, suivant contrat passé le 22 avril 1717, *Madeleine-Françoise* Molé, dame de Porquerolles, morte en 1764, fille unique et héritière de Jean Molé, marquis de Porquerolles, conseiller au parlement de Paris, et d'Élisabeth de Luynes.

Les armes de la famille de Molé sont : *Écartelé : au 1 et 4, de gueules, au chevron d'or, accompagné en chef de deux étoiles du même, et en pointe d'un croissant d'argent*, qui est de Molé; *au 2 et 3, d'argent au lion de sable, couronné et lampassé d'or*, qui est de Mesgrigny.

De ce mariage sont issus trois fils :

1.º *Michel-Nicolas-Joseph*, qui suit;

2.º *Balthazard-Joseph-Michel-Nicolas*, qui suivra;

3.º *Philippe-Gaspard-Michel*, qui suivra.

VI. *Michel-Nicolas-Joseph* Sublet d'Heudicourt, marquis de Lenoncourt, né à Serres le 3 octobre 1719, capitaine de cavalerie au régiment royal-Lorraine, chevalier de Saint-Louis, marié à *Marie-Anne-Victoire* Le Pelletier de La Hestroye, dont il ne laissa que deux filles :

1.º N... Sublet d'Heudicourt de Lenoncourt, qui épousa le comte de Rozière, chevalier de Saint-Louis, capitaine au régiment d'Aunis;

2.º N... Sublet d'Heudicourt de Lenoncourt, mariée à M. de Sauvagney.

VII. *Balthazard-Joseph-Michel-Nicolas* Sublet d'Heudicourt, comte de Lenoncourt, né le 21 août 1720, colonel du régiment de son nom, marié, le 22 février 1744, à *Anne-Constance* GROULARD DE BOISGEOFFROY, dont il eut :

VIII. *Charles-Louis-Edme* SUBLET D'HEUDICOURT, comte de Lenoncourt, né à Paris le 3 décembre 1747, chef d'escadron au régiment Royal-Lorraine cavalerie ; il épousa mademoiselle D'AVID DE SAINT-CÉRY, dont il n'eut pas de postérité ; mais il a adopté pour ses fils :

1.º *Alexis-Remi* de LENONCOURT ;

2.º *Alexandre-Auguste* de LENONCOURT.

IX. *Philippe-Gaspard-Michel-Nicolas* SUBLET D'HEUDICOURT DE LENONCOURT, seigneur de l'île de Porquerolles, marquis d'Heudicourt de Lenoncourt, né à Charonne le 19 avril 1727, chevalier de Saint-Louis, mort à Florence le 4 mai 1807. Il avait épousé, en 1778, *Marie-Claire* de GUERBY, fille d'Étienne de Guerby, née à Valence en Dauphiné.

De ce mariage sont issus :

1.º *Charles-Alexandre-Gaspard*, qui suit ;

2.º *Joseph-Edme-Michel* SUBLET D'HEUDICOURT DE LENONCOURT, comte d'Heudicourt, né à l'île de Porquerolles le 30 janvier 1790, mort à Florence ;

3.º *Marguerite-Charlotte* SUBLET D'HEUDICOURT DE LENONCOURT, née à Porquerolles le 1er décembre 1779, morte à Florence en 1848 ;

4.º *Anne-Adélaïde* SUBLET D'HEUDICOURT DE LENONCOURT, née à Porquerolles le 3 février 1780, morte à Florence ;

5.º *Marie-Claude-Louise* SUBLET D'HEUDICOURT de LENONCOURT, née à Porquerolles le 7 décembre 1787, mariée en 1824 au chevalier Vasco, Piémontais, décédée à Turin en 1855 ;

6.º *Virginie* SUBLET D'HEUDICOURT DE LENONCOURT,

née à Porquerolles en 1791, décédée à Turin
en 1875.

X. *Charles-Alexandre-Gaspard* SUBLET, marquis D'HEUDI-
COURT DE LENONCOURT, né à l'île de Porquerolles le 28 avril,
mort au château de Bussières (Haute-Saône) le 30 octobre
1871. Il avait épousé, le 4 février 1830, *Élisabeth-Margue-
rite* BUSON DE CHAMPDIVERS, fille d'Étienne-François-Xavier
Buson, marquis de Champdivers, ancien officier des gardes
françaises, chevalier de Saint-Louis et de Saint-Georges
de Franche-Comté, et de Sophie-Éléonore du Boutet.

Armes de Buson de Champdivers : *Parti d'argent et de
gueules à 3 quinte feuilles de l'un en l'autre.*

De ce mariage sont issus :

1.º *Henri-Marie-Charles-Alexandre* SUBLET D'HEU-
DICOURT DE LENONCOURT, qui suit ;

2.º *Alexis-Marie-Eléonore* SUBLET D'HEUDICOURT
DE LENONCOURT, né à Besançon le 24 avril 1834,
mort à Pau le 5 juin 1854;

3.º *Marie-Éléonore-Françoise* SUBLET D'HEUDICOURT
DE LENONCOURT, née à Besançon le 28 juin 1836,
morte à Pau le 13 octobre 1853.

XI. *Henri-Marie-Charles-Alexandre* SUBLET, marquis
D'HEUDICOURT DE LENONCOURT, né à Besançon le 17 avril 1833,
chevalier de la Légion d'honneur, ancien membre du Conseil
général de la Haute-Saône; marié le 28 novembre 1855 à
Marie-Clémence-Léopoldine DE VEYRAC, fille du baron de
Veyrac, ancien chevau-léger, et de *Jenny-Marie-Françoise*
de Larochette.

ARMES DE VEYRAC : *Ecartelé : au 1 et 4, bandé de gueules
et d'or de sept pièces, au chef de gueules chargé de 3 étoiles;
au 2 et 3, d'azur au chevron d'or accompagné d'un lionceau
du même.*

De ce mariage sont issus :

1.° *Jean-Marie-Alexandre-Odelric*, né le 9 septembre 1856 ;

2.° *Marie-Julie-Jeanne*, née le 9 novembre 1857, morte le 13 juillet 1873 ;

3.° *Robert-Marie-Clément-Charles*, né le 25 septembre 1859 ;

4.° *Stéphanie-Marie-Thérèse*, née le 27 septembre 1861 ;

5.° *Théodorine-Marie-Marguerite-Virginie-Suzanne*, née le 3 septembre 1863 ;

6.° *Marie-François-Léopold*, né le 24 juillet 1865 ;

7.° *Marie-Laurent-Amédée*, né le 10 août 1867 ;

8.° *Marie-Charles-Alfred*, né le 18 janvier 1870 ;

9° *Jean-Marie-Alexandre-Henri*, né le 5 janvier 1872 ;

10.° *Joseph-Marie-Robert-Jean*, né le 28 mars 1874, mort le 22 janvier 1877 ;

11.° *Marie-Léopoldine-Jeanne*, née le 30 août 1875.

ARMES : *Écartelé : au 1 et 4, d'azur au pal bretessé d'or, maçonné de sable, chargé d'une vergette du même*, qui est de SUBLET ; *au 2 et 3, d'argent à la croix engrêlée de gueules*, qui est de LENONCOURT.

TIMBRE : *Couronne de marquis.*

SUPPORTS : *Deux lions.*

DE BREMOND.

E nom de Bremond est commun à plusieurs familles de Provence, que le rapprochement des résidences semble rattacher à une même souche.

Au siècle dernier, Jean-Baptiste-Jérôme de Bremond, chargé, par ses compatriotes, de venir défendre les priviléges de la Provence, déploya tant d'éloquence et de conviction que Louis XVI l'attacha à sa personne en qualité de secrétaire intime, l'honora de sa confiance et lui conféra la croix de chevalier de Saint-Louis. M. de Bremond conserva ses fonctions jusqu'à l'arrestation du roi à Varennes. Il se réfugia en Suisse, où il ne put se rendre qu'à l'aide de nombreux déguisements. Il s'établit à Semsales (canton de Fribourg), qui devint le rendez-vous des plus illustres réfugiés français de cette malheureuse époque. Citons entre autres Antoine-Marie-René Terrier, marquis de Monciel, avant-dernier ministre de l'intérieur de Louis XVI (du 18 juin au 21 juillet 1792), dont M. de Bremond fut le secrétaire général. Il remplit encore, pendant de nombreuses années, les fonctions de consul général d'Espagne, de Portugal et des Algarves. Il fut créé chevalier de l'ordre du Christ. M. de Bremond laissa deux fils : *Antoine* DE BREMOND, l'aîné, se fit naturaliser Suisse à sa majorité, ainsi que son frère cadet *Jules* DE BREMOND.

LE CARON DE MAZENCOURT

TROUSSURES, FLEURY, ETC.

—

La branche de Mazencourt de cette famille, mentionnée au tome Ier de Saint-Allais, s'est éteinte en 1850, en la personne de Jeanne Le Caron, sœur de Jean, n° XII.

Deux autres branches subsistent, sorties également de Laurent Le Caron, n° IV.

I. Branche de Fleury, représentée par : 1° Alexandre Le Caron de Fleury, ses enfants et petits-enfants au château du Plessis-Santhenay (Loir-et-Cher); 2° Eugène Le Caron de Fleury, chef de bataillon au 87e de ligne.

II. Branche de Troussures, représentée par Louis Le Caron de Troussures et ses enfants, au château de Troussures (Oise).

Ces deux branches portent : *D'azur, à trois besans d'or, 2 et 1, au chef cousu de gueules, fretté d'or.*

TOURTIER.

—

Cette ancienne famille de l'Orléanais, où elle possédait entre autres fiefs celui de la Martinière, dont la branche aînée porta le nom jusqu'à la Révolution, a fourni dans tous les temps beaucoup d'officiers aux armées royales. Elle était autrefois divisée en plusieurs branches, et aujourd'hui elle n'est plus représentée que par des descendants de la branche établie à Amiens, dont l'auteur, *Antoine-Michel*, maréchal de camp, lieutenant-commandant d'escadrons aux gardes du corps du roi, chevalier de l'ordre royal et militaire de Saint-Louis, épousa en 1771 *Jacqueline* DE TRÉNY, fille de Louis de Moyencourt, près Poix en Picardie, ancien capitaine au régiment de Laval, et de Vacquette de Frechencourt, sœur de Vacquette de Gribeauval, inspecteur général d'artillerie, grand'croix de l'ordre royal et militaire de Saint-Louis. De ce mariage sont issus :

1.º *Louise ;*

2.º *Charlotte ;*

3.º *Armand*, qui suit ;

4.º *Henri,* qui épousa *Annette* DE CHASSEPOT DE PISSY, d'où :

   Anna ;

5.º *Alexandre*, qui épousa *Henriette* FRANÇOIS DE DOMESMONT, dont :

   a. *Julien,* qui épousa *Charlotte* DE MONS, d'où :

   A. *Raymond,*

   B. *Roger ;*

   b. *Constance,*

   c. *Marie ;*

6.º *Eulalie.*

Armand, chevalier de l'ordre royal et militaire de Saint-Louis, ancien officier d'artillerie à l'armée des princes de Condé, épousa *Joséphine-Suzanne* D'ÉPINAY, d'où :

1.º *Gabriel,* juge d'instruction, qui épousa *Victorine* DE FRANCQUEVILLE, dont :

   a. *Joseph ;*

   b. *Gaston.*

ARMES : *D'azur, au chevron d'argent chargé de trois merlettes de sable, accompagné de trois besans d'argent.*

DE LA PORTE
DES VAUX, DU THEIL ET DE FORGES.

—

ETTE famille d'ancienne chevalerie est originaire du Périgord. On la trouve en Poitou depuis l'époque des Croisades. Sa filiation suivie remonte à 1480, époque où elle s'établit au château des Vaux, sur la limite de la Marche et du Poitou. Elle a été maintenue et confirmée dans sa noblesse, en 1599, par de Sainte-Marthe, en 1667 par Barentin, et en 1716 par Quentin de Richebourg, commissaires du roi.

Les personnages célèbres qu'elle a produits, sont nombreux; nous citerons :

Audebert DE LA PORTE, chevalier du Temple, commandeur d'Auzon, dans l'ancienne banlieue de Châtellerault, lequel fut un des héros qui ne craignirent pas de défendre leur ordre dans le procès intenté aux Templiers par Philippe-le-Bel en 1307, et qui préférèrent la mort du martyre à la lâche amnistie des apostats.

Gabriel DE LA PORTE, écuyer, seigneur de la Porte et du Theil, né en 1683, mort en 1755, débuta dans la politique à l'époque où Louis XIV fit asseoir son petit-fils sur le trône d'Espagne et suivit à Madrid, en qualité de secrétaire, le comte de Marcin, ambassadeur du roi. Il fut ensuite chargé d'affaires à La Haye en 1712, à Madrid en 1717, ministre plénipotentiaire à Vienne en 1735, au sujet de la cession de la Lorraine à la France, et ambassadeur extraordinaire à Aix-la-Chapelle en 1748, pour mettre fin à la guerre de succession d'Autriche. Il montra dans toutes ces négociations une entente et un patriotisme qui lui valurent de grandes faveurs.

Jean-Gabriel DE LA PORTE, né en 1742, mort en 1815, entra jeune dans la garde royale et se distingua comme officier dans la guerre de Sept ans, où il reçut la croix de Saint-Louis. Les loisirs de la paix lui permirent bientôt de se livrer à son goût pour les lettres anciennes. Reçu à vingt-huit ans membre de l'Institut, et nommé gentilhomme de la chambre du roi, il se fit donner une mission scientifique en Italie, qui dura dix ans et qu'il employa à recueillir 18,000 pièces relatives à notre histoire. On a de lui : *Diplomata ad res Franciæ spectantia*, une traduction du *Théâtre* d'Eschyle, et une autre de la *Géographie* de Strabon.

Les trois branches de cette famille sont encore aujourd'hui représentées :

Celle des Vaux par *Armand* DE LA PORTE, médecin et archéologue, commandeur de Saint-Sylvestre, chevalier de la Légion d'honneur et de plusieurs ordres étrangers, auteur d'une *Hygiène de la table* et d'une *Histoire des familles du nom de La Porte;*

La branche du Theil, par *Paul* DE LA PORTE, l'un des agriculteurs les plus distingués du Poitou;

La branche de Forges, par *Louis-Henri* DE LA PORTE, encore jeune.

ARMES : *D'or, au chevron de gueules.*

DE CAIRON.

—

L'ORIGINE de cette famille se rattache à l'une des époques les plus glorieuses de notre histoire nationale : celle du recouvrement de la Normandie sur les Anglais, sous Charles VII. Son chef, *Nicolas* PEROTTE (1er degré), se distingua comme homme d'armes volontaire dans l'armée royale, notamment à la bataille de Formigny (1450). Des lettres de noblesse, délivrées à Mehun-sur-Yèvre, vinrent récompenser ses services. Il possédait dès lors un fief important à Bretteville-l'Orgueilleuse (Calvados), et la considération dont il jouissait lui fit contracter mariage avec *Guillemette* D'ESTAMPES, fille de Robert, seigneur d'Audrieu, lequel appartenait à la plus ancienne noblesse.

Son fils *Nicolas* (2ᵉ degré) continua les services de son père et reçut également en récompense, collectivement avec ses frères *Nicolas* et *Étienne*, par lettres patentes de Louis XI, données à la Guerche en Touraine (5 août 1472), le droit de changer son nom de Perotte pour celui de Cairon, d'un fief qu'il possédait en la paroisse de ce nom, dans la vicomté de Caen.

Cette famille s'est divisée en un grand nombre de branches, connues sous le nom de La Pallu, de Cairon, de Vogny, de Crocy, de Saint-Vigar, de Cardouville, de La Motte, de Vaux, de Panneville, d'Amblie, de Barbières, etc.

Elle a formé un grand nombre d'officiers de terre et de mer, sept chevaliers de Saint-Louis; lors de la guerre de 1740, neuf de ses membres servaient en même temps sous les drapeaux; *Bernard* DE CAIRON, abbé de Barbery, présida, en 1789, l'ordre du clergé à l'assemblée de Caen; *Marguerite* DE CAIRON, fille de *Nicolas* IIᵉ du nom, mariée en 1499 à *Jean* DE BOURGUEVILLE, sieur de Bras, fut mère de Charles de Bourgueville, sieur de Bras, auteur des Antiquités de Caen.

Les seules branches dont on connaisse actuellement l'existence (1869), sont représentées par Edmond, marquis de Cairon, chef de la branche de Panneville, demeurant au château de Quevreville-la-Poterie (Seine-Inférieure), marié à Mˡˡᵉ Caignart de Saulcy, et par Adolphe-Victor-Honoré de Cairon, demeurant au château d'Amblie (Calvados), marié en 1835 à Adrienne-Alexandrine-Louise Dauger, fille d'Alexandre-Louis-Frédéric, comte Dauger, et d'Albertine-Octavie-Mélite de Nédonchel.

De ce mariage sont issus trois enfants :

    1.º *Marie-Charles-Louis-Victor* DE CAIRON, né e 15 novembre 1835, décédé le 26 juin 1855;

    2.º *Marie-Alexandre-Remy* DE CAIRON, né le 28 avril 1840, décédé le 27 janvier 1843;

3.° *Marie-Philomène-Albertine* DE CAIRON mariée,
le 18 septembre 1866, à *Marie-Robert* ACHARD, vicomte de Bonvouloir.

(*Extrait de l'Armorial de d'Hozier,*
édition Didot, 7° registre.)

—————

DE CHANALEILLES.

—

Branche des seigneurs de Villard.

XVII. *Sosthènes* DE CHANALEILLES, marquis de Chanaleilles, ancien page de Louis XVIII, retraité lieutenant-
colonel du 4° régiment de chasseurs d'Afrique, officier de
la Légion d'honneur, ancien membre du Conseil général de
l'Ardèche. Il épousa à Paris, le 29 mai 1832, Marie-Victur-
nienne-Stéphanie DES BALBES DE BERTON DE CRILLON, seconde
fille du duc de Crillon, pair de France.

De cette alliance sont issus :

1.° *Félix-Hélye* DE CHANALEILLES, décédé le 15 mai
1852, à l'âge de 18 ans ;

2.° *Marie-Isabelle* DE CHANALEILLES, mariée au marquis de Marcieu, dont elle a trois fils.

Branche des seigneurs de la Saumès.

XV. *Jean-Baptiste* DE CHANALEILLES, frère cadet de
Jean-Louis de Chanaleilles, comte de Saumès, qui monta
dans les carrosses du roi, en 1785, lieutenant au 3° chasseurs

à cheval, devenu marquis de la Saumès, après la mort de
son père et celle de son frère aîné qui décéda sans enfants. Il
fut obligé de quitter le service par suite de blessures reçues
à la campagne de Corse, et il épousa *Françoise-Madeleine-
Emilie* de Cadoène de Gabriac, fille du marquis de
Gabriac.

De cette union sont issus :

    1.° *Louis-Etienne-Achille,* qui suit ;

    2.° *Henri-Gustave* de Chanaleilles, marié, sans
    enfants.

XVI. *Louis-Étienne-Achille* de Chanaleilles, marquis
de la Saumès, épousa, le 3 septembre 1841, *Claude-Fran-
çoise-Charlotte* de La Baume, fille d'Eugène de La Baume,
colonel d'état-major, chevalier de Saint-Louis, officier de la
Légion d'honneur, dont il eut :

    1.° *Henri-Eugène-Roger,* qui suit ;

    2.° *Paul-Aimé-René* de Chanaleilles, né en 1854,
    élève de l'École militaire de Saint-Cyr, sous-lieute-
    nant au 101e régiment de ligne ;

    3.° *Louis-Marie-Hélye* de Chanaleilles, né en 1858,
    décédé en 1872 ;

    4.° *Françoise-Hippolyte-Gabrielle-Eugénie* de Cha-
    naleilles, religieuse ;

    5.° *Marie-Émilie-Blanche* de Chanaleilles.

XVII. *Henri-Eugène-Roger* de Chanaleilles, marquis
de la Saumès, comte de Chanaleilles, né en 1845, ancien au-
diteur au Conseil d'État, sous-préfet de Châteaudun, de la
Flèche, de Montélimar et de Corbeil ; marié le 4 mai 1874
à *Louise-Julie-Charlotte-Thérèse* du Chanoy, fille de Louis-
Hippolyte du Chanoy, inspecteur des finances, et de Phi-
lippe-Juliette Culhät de Careil.

DEVÈS.

—

 A famille Devès ou de Vesc, qui habite depuis trois cents ans le canton de Grignan, est une branche cadette de l'antique et illustre maison de Vesc, du Dauphiné.

On voit, en effet, que, dans les anciens titres, son nom s'est écrit indistinctement de Vesc et Devès.

Guy de Vesc, seigneur de Vesc, Dieulefit et Caderousse, fut père de Hugonin de Vesc qui fit partie de la troisième croisade, en 1190. De ce dernier descendent les branches de Bécone, Comps, Montjoux et Espeluche.

Pierre de Vesc, seigneur d'Espeluche et de Lalo, gouverneur de Die, obtint de Guignes VIII, en récompense de ses exploits à la bataille de Varey, la permission de porter sur sa bannière trois tours que ses descendants mirent sur leurs armes (1325).

Talabard de Vesc, son arrière-petit-fils, fut l'aïeul de Guillaume de Vesc, auteur de la branche · établie au Fraisse.

Ce Guillaume de Vesc resta fidèle à la foi catholique, se sépara de ses frères qui avaient embrassé la Réforme. Il fut père de quatre enfants, dont l'aîné, Guillaume, se maria avec Marguerite Giraud, dame de Ribas, en Languedoc, lequel ne laissa qu'une fille nommée Jeanne, qui épousa, en 1619, Charles de Cardebas de Bot de Tertulle.

Jaume, le puîné, fit le commerce de la draperie ; il eut, de son mariage avec Alice Durand, Jean, qui fut père d'Antoine Devès. Ce dernier alla se fixer à Chameret ; il est représenté aujourd'hui par Louis Devès, non marié ; Alphonse Devès, père d'Abel-Bertin-Camille Devès, né en 1853, sous-officier au 77° de ligne ; Alma-Eugénie-Victoria

Devès, née en 1855, mariée en 1878 avec P.-V.-G. Charpe-
nel, et Amédée Devès, cousin germain des précédents.

ARMES : *De gueules, à trois tours d'argent donjonnées,
maçonnées, bretessées et contre-bretessées de sable.*

SUPPORTS : *Deux lions léopardés.*

COURONNE *de marquis.*

CIMIER : *Un lion léopardé naissant, couronné de rayons,
ayant une de ses pattes sur le casque et une épée haute
dans l'autre.*

DE LAIRE.

—

E Laire (de area), nom fort ancien en Auvergne.
Maison d'ancienne chevalerie connue depuis
Jean de Laire, qui fut présent en 1196 à l'acte
de vente du château de Chamalières par le comte
de Clermont à Robert, évêque de Clermont.

Cette famille compte un gentilhomme de la maison du roi
en 1601, des hommes d'armes, des chanoines comtes de
Brioude, plusieurs officiers de cavalerie, deux chevaliers de
Saint-Louis : Jean de Laire, lieutenant au régiment de
Royal-Piémont (1734) et Guillaume de Laire, capitaine au
corps royal du génie, porté sur la liste des émigrés.

Elle s'est alliée aux maisons du Lac, de Saint-Pardoux,
d'Oradour, de Drudy, de Pellinières, etc.

Maintenue dans son ancienne extraction, en 1666, par
M. de Fortia, intendant de la province d'Auvergne, elle est
actuellement représentée par Édouard de Laire, percepteur

des finances à Montet-aux-Moines (Allier), Maurice de Laire de Ris et son fils Roger de Laire, domiciliés à Laire, près Vertaizon (Puy-de-Dôme).

Armes' : *D'azur, à la bande d'or chargée de trois étoiles de gueules.* Alias : *D'azur, à la bande d'or.*

Cri de guerre : *Layre.*

Devise : *Tout droit.*

OUVRAGES A CONSULTER.

Dom Coll, *Armorial de 1450.* — *Catalogue de Brioude.* — Baluze, t. II. — *Noms féodaux*, p. 551. — *Nobiliaire d'Auvergne, généralité de Riom.* — *Preuves de 1666.* — *Dictionnaire universel de France*, par de Courcelles, t. III, p. 362 et 363, etc.

DE BIZEMONT (1).

—

 ETTE maison, que les plus anciens titres dénomment : Buisemont, Buyzemont, Byzemont, Bizemont et Bisemont, est qualifiée noble de race dans un titre ancien représenté sous forme généalogique lors des preuves de Malte, de Charles-Marie-Guillaume de Bizemont, reçu chevalier de Malte, le 18 juin 1757, enregistré à Malte le 24 juillet 1757.

---

(1) *Alias* Buizemont.

La branche aînée de cette maison, n'ayant que la moyenne et basse justice sur le fief du Buisson, se qualifie comte de Bizemont et a ajouté à ses armes un quartier de Prunelé qui est : *de gueules à six merlettes d'argent, 3, 2 et 1 ;* tandis que la branche cadette ayant acquis, en 1778, la haute, moyenne et basse justice est titrée, par d'Hozier, marquis de Bizemont.

Mathieu de Bizemont justifia pour lui et son frère Lamelot, *alias* Amelot, par une sentence rendue en la prévôté de Montreuil, le 10 juin 1459, qu'ils étaient de noble race et enfants du seigneur de Buizemont.

Louise de Bizemont, gouvernante d'Isabelle, sœur du roi saint Louis, dame fort appréciée de Blanche de Castille pour sa vertu et sa sagesse, et Jean de Bizemont, l'un des banne-rets qui gardèrent les Templiers à Paris en 1307, appartiennent à la maison de Bizemont, d'après le marquis de Prunelé, généalogiste connu par son intégrité, et Mazas, *Vie des grands capitaines*, tome II, p. 205.

Armes : *D'azur, au chevron d'or accompagné en chef de deux croissants d'argent et en pointe d'une molette d'éperon d'or.*

Supports : *Deux lions d'or.*

Timbre : *Couronne de marquis.*

Devise : *Jungat stemma virtus.*

DE GRELING.

—

 a généalogie de cette famille figure au tome VI, page 159, du *Nobiliaire universel de France* par de Saint-Allais. Nous la reprenons ici à la seconde branche.

I. *Justinien* DE GRELING, écuyer, mort en 1794 (1), eut de son mariage avec *Marie-Anne* DE PHILIP (2) plusieurs enfants, dont un seul a continué la descendance mâle, savoir :

II. *François-Casimir* DE GRELING, écuyer, né le 19 novembre (3) 1785, qui épousa à Marseille, le 11 juillet 1821, *Marie-Honorine* MILLOT, dont il eut :

> 1°. *Alfred-Hilarion* DE GRELING, né le 15 septembre 1822, mort à sept mois ;
>
> 2°. *Jean-Marie-Ferdinand* DE GRELING, dont l'article suit ;
>
> 3°. *André-Marie-Albert* DE GRELING, né le 8 septembre 1829, qui épousa à Marseille, le 6 septembre 1858, *Marie-Joséphine-Angèle* SAUVAIRE ;
>
> 4°. *Marie-Honorine-Alix* DE GRELING, née le 25 novembre 1834, morte à l'âge de 4 ans et 8 mois;
>
> 5°. *Marie Jules* DE GRELING, né le 8 novembre 1839, sans alliance.

(1) Et non en 1792, ainsi que le porte le tome VI, page 160, du susdit *Nobiliaire*.

(2) Et non Marie-Anne Philip, d'après l'errata contenu dans le tome XI, page 488, du même *Nobiliaire*, lequel errata rectifie cette erreur et une autre relative aux armes de la famille de Greling, mais en commet une en écrivant Creling au lieu de de Greling.

(3) Et non le 20, comme le porte le même ouvrage.

III. *Jean-Marie-Ferdinand* DE GRELING, né le 17 janvier 1825, entra dans la diplomatie et remplit les fonctions de secrétaire d'ambassade en Espagne, au Brésil et en Grèce. Il obtint les décorations de chevalier de l'ordre de Charles III, de commandeur de l'ordre d'Isabelle-la-Catholique, de la 4° classe de l'ordre du Medjidié, d'officier de l'ordre du Sauveur et de chevalier de l'ordre de la Légion d'honneur. Il épousa à Beaucaire (Gard), le 10 février 1861, *Clémentine* DE FORTON et mourut à Marseille, le 25 avril 1863.

De son mariage il eut:

1.° *Marie-Louise* DE GRELING, née à Beaucaire, le 3 janvier 1862;

2.° *Ferdinand-Marie* DE GRELING, fils posthume, né à Marseille, le 7 décembre 1863.

ARMES (1) : *D'or au corbeau de sable.* Et par suite des dispositions testamentaires de Mme de Leisler, veuve d'Ardenne, cette famille écartèle de Leisler, qui est : *D'azur, à la syrène couronnée d'argent, tenant à chaque main un poisson du même. L'écu timbré : d'un casque taré de front, orné de ses lambrequins. Cimier, un dextrochère tenant un badelaire. Supports : Deux lions.*

---

(1) Les Lettres récognitives de noblesse de la famille de Greling, du 10 mai 1817, portent : « d'or à un corbeau de sable, parti d'azur à une sirène d'argent couronnée du même, tenant à chaque main un poisson aussi d'argent; l'écu timbré d'un casque taré de profil orné de ses lambrequins. »

RICHER DE MONTHÉARD
DE BEAUCHAMPS.

—

LA maison de RICHER DE MONTHÉARD, originaire du Maine, est très-ancienne dans cette province où elle a toujours occupé les premières charges. Elle remonte à *Richard* RICHER, qui fit une vente, en 1310, à Guillaume de Ségrie (*Cartulaire de l'abbàye de Beaulieu aù Maine*). *Jean* RICHER fut reçu conseiller au Parlement de Paris en 1355.

La filiation de cette famille a pu être établie, d'après les archives de la Sarthe et les registres de l'état civil, à partir de *Jean* RICHER, qui suit :

I. *Jean* RICHER, vivant en 1350, eut pour fils le suivant :

II. *Thomas* RICHER, conseiller du comte du Maine, fit partie, en 1385, du conseil chargé de reviser le droit coutumier. De son union avec Guyonne, qui était veuve de lui en 1400, il eut *Jean*, IIe du nom, qui suit :

III. *Jean* RICHER, IIe du nom, licencié ès-lois, rendit aveu en 1403 au comte du Maine, pour le lieu dit l'Hébergement-des-Planches en Saint-Georges-du-Plain (aujourd'hui le Petit Saint-Georges). Il ne vivait plus en 1440 et laissa de son mariage les enfants suivants :

    1.° *Macé*, qui continue la filiation;

    2.° *Jean*, seigneur en partie de Gaigné, conseiller en cour laye, qui est l'auteur des branches DE GAIGNÉ et DE BOISMAUCHER-MONTAUBAN : la première éteinte à Paris au siècle dernier, et la seconde en 1827. Ces deux branches se sont alliées aux de Launay, Denisot, Taron, Amellon de Saint-Cher, Le Cappelain,

Nepveu de Rouillon, Vasse, le Divin, Garnier de
Montauban, Courtin de Torsay, Clinchamp, Gaudin de Saint-Rémy et Bouteiller de Châteaufort;

3.º *Thomas,* qui, en 1475, était receveur des deniers
communs de la ville du Mans. Il a formé la branche
des seigneurs DE LA SAUSSAYE, au Maine; D'AUBE,
en Normandie, éteinte à Paris en 1752, après avoir
pris ses alliances dans les maisons de Cherny,
Sévin, Le Vayer, Quillet de Fontaine, Le Bouyer
de Fontenelle, de Beauvais de Saint-Paul, Férault
de Falandre, Lampérière de Montigny et Jubert de
Bouville. Cette famille a donné un trésorier de
France, un intendant de Caen, puis de Soissons,
des conseillers au Parlement de Rouen, un maître
des requêtes.

IV. *Macé* RICHER, seigneur en partie de Gaigné en Domfront, en Champagne, épousa, avant 1445, N... CHAUVIN, fille
de noble Jean Chauvin. Il ne vivait plus en 1478 et avait eu
pour enfants de son épouse :

1.º *Macé*, IIᵉ du nom, qui suit;

2.º *Jean,* maître des comptes à Paris, le 27 octobre
1507, au lieu de Jehannot d'Inverses, seigneur de
Ballon, mort en 1517;

3.º *Nicolas,* seigneur en partie de Gaigné, conseiller
en cour laye et greffier de la censive pour le roi,
ne vivant plus en 1532.

V. *Macé* RICHER, IIᵉ du nom, eut entre autres enfants :

1.º *Jean*, IIIᵉ du nom, qui suit;

2.º *Pierre,* chanoine de l'église du Mans;

3.º *Etienne,* seigneur de la Picherie, licencié ès-lois,
contrôleur des deniers communs de la ville du
Mans, décédé en 1555, ayant eu de son mariage :

Robert RICHER, seigneur du Colombier en Saint-
Georges-du-Plain, conseiller en cour laye.

VI. *Jean Richer*, III° du nom, seigneur des Molans en Souvigné-sur-Même, nommé échevin du Mans en 1531, laissa pour enfants :

1.° *Jacques*, seigneur de Monthéard, qui suit ;

2.° *Macé*, qualifié aussi seigneur de Monthéard au 3 janvier 1566 ;

3.° *Pierre*, seigneur de la Tousche, échevin du Mans de 1543 à 1547, général et superintendant des deniers communs des villes de la trésorerie et généralité de Tours en 1557, mort sans postérité ;

4.° *Jean*, dont la destinée est inconnue ;

5.° *Marie*, alliée à noble *Robert* GUILLON DE MONTHÉBERT, bailli de Beaumont-le-Vicomte en 1510, fils de Jean, lieutenant du bailli de Beaumont, et de Nicole de Saint-Denis, dont descendait Fortuné Guillon, marquis de Rochecotte, général vendéen, fusillé dans la plaine de Grenelle en 1798.

6.° Autre *Marie*, alliée à noble *René* PITART, fils de Jean, procureur du roi au Mans, et de Jeanne Lechat de Boiscorbon, dont postérité.

VII. *Jacques* RICHER DE MONTHÉARD, seigneur de Monthéard en Neuville-sur-Sarthe, licencié ès-lois, né vers 1505, épousa : 1° vers 1525, *Jacquine* DE LAUNAY, fille unique de noble Yves de Launay, seigneur des grand et petit Aunay, à Brains en Champagne, et de Guillemine Clergeault, sa seconde femme, qui était cousine germaine de Michel Marteau, seigneur de la Chapelle, connu sous le nom de La Chapelle-Marteau, maître des comptes, à Paris, nommé en 1588 prévôt des marchands de la ville de Paris par le duc de Guise, chef de la Ligue ; 2° vers 1550, *Catherine* LE GENDRE, sœur de Simon, seigneur de Thomazin, premier avocat du roi en la sénéchaussée du Maine. M. de Monthéard embrassa, comme un grand nombre des principaux chefs des familles du Maine, la religion prétendue réformée, et fut au

nombre des principaux calvinistes qui s'emparèrent de l'autorité dans la ville du Mans, le 1er avril 1562.

Il eut du premier lit deux filles :

>   1.º *Marie,* sans alliance;

>   2.º *Radegonde,* alliée à *Nicolas* Brissart, lieutenant
>   général de Beaumont-le-Vicomte en 1574;

Du second lit, entre autres enfants, les suivants :

>   3.º *Jacques,* IIe du nom, écuyer, seigneur de Mont-
>   héard, qui suit :

>   4.º *Simon,* seigneur de l'Aubinière, président à l'élec-
>   tion du Maine, père de deux filles alliées dans les
>   maisons Prieur de Chantelou et Hennequin d'Ec-
>   quevilly;

>   5.º *Guillaume,* abbé de Saint-Vincent du Mans en
>   1614, député du clergé du Maine aux Etats Géné-
>   raux de 1614, et visiteur de l'ordre de Fontevrault;

>   6°. *Claude,* alliée à noble *François* de La Taillaye,
>   seigneur de Boislaurent, lieutenant de robe longue
>   en la sénéchaussée du Maine;

>   7.º *Marthe,* alliée le 15 août 1592 à noble *Louis*
>   Trouvé, seigneur de la Tesserie, dont *Anne,* alliée
>   à *Nicolas* Le Poitevin, écuyer, seigneur de la Val-
>   lée, avocat à la Cour du Parlement à Paris, dont
>   des enfants;

>   8.º *Marie,* alliée à noble *Louis* d'Oysseau, seigneur
>   du Bouchet;

>   9.º *Catherine,* alliée à *Adam* des Champs, écuyer, lieu-
>   tenant du prévôt provincial du Maine, aïeul de
>   M. des Champs du Méry, gouverneur de la ville de
>   Mayenne;

>   10°. *Lancelotte,* alliée à *Pierre* Rottier (des Rottier
>   de la Borde et de Madrelle), proche parent de Nico-
>   las Rottier, conseiller au présidial du Mans en
>   1588.

VIII. *Jacques* Richer de Monthéard, IIe du nom, écuyer, baron du Breil, seigneur de Monthéard, de la Brosse et du Coudray, conseiller au présidial du Mans en 1581, lieutenant particulier assesseur civil et criminel du sénéchal du Maine en 1586, colonel de la milice bourgeoise du Mans en 1614, président au présidial de La Flèche en Anjou en 1618; né vers 1555, contribua, avec plusieurs notables du Mans, à s'emparer sur les Ligueurs, le 8 février 1589, du château de cette ville, où ils furent assiégés par Boisdauphin, auquel ils furent obligés de se rendre le 11 février suivant.

Il épousa : 1° le 6 décembre 1583, *Anne* du Gué, baronne du Breil (appelée quelquefois Marie), fille de Jacques du Gué, écuyer, baron du Breil en Parigné-l'Évêque, seigneur de Lespinay, la Chesnaye, mort doyen des conseillers au présidial du Mans, nommé premier échevin de cette ville en 1577; et d'Ambroise Taron, fille d'Anselme, seigneur de Maupertuis, lieutenant général du sénéchal du Maine en 1547, fils lui-même de Guillaume Taron, seigneur de la Roche-Taron et d'Andrée de Courthardy ; 2° par contrat passé devant Michel Leroy, notaire royal au Mans, le 2 avril 1601, *Antoinette-Barbe* de La Forterie, fille de Jean, échevin du Mans en 1566, et de Louise le Conte des Laubières, sa seconde femme, sœur de Claude, grand prévôt du Maine, puis trésorier de France à Tours, et de Nicole-Barbe de La Forterie, femme de Michel de Marillac, surintendant des finances et garde des sceaux de France, et grand' tante de Renée-Barbe de La Forterie, première femme de Gabriel, comte de Montmorency-Laval, et mère de Guy-Claude-Roland de Montmorency-Laval, maréchal de France en 1747.

M. de Monthéard rendit aveu en 1587 pour sa baronnie du Breil à Claude d'Augennes, évêque du Mans, reçut le 1er mars 1590 des lettres de noblesse en récompense de ses services et fut confirmé dans sa noblesse le 20 décembre 1598. Il eut l'honneur de présenter les clefs de la ville du Mans à Henri IV, lors de son entrée dans cette ville, le 28 novembre 1589 (Histoire de la Maison de Bastard, f. 180), assista, en 1614, aux Etats du Maine parmi les membres de

la noblesse, et mourut le 10 août 1629 ; il fut inhumé
dans l'église des Jacobins du Mans le lendemain. D'Antoinette-Barbe de La Forterie, sa seconde femme, il laissa quatre
enfants :

1.º *Charles*, baron de Neuville, qui suit ;

2.º *Roland*, baron du Breil, qui a formé la branche
des barons de ce nom, éteinte en 1705 dans la
maison de Broc ;

3.º *Catherine*, alliée le 24 avril 1623 à noble René
du Gué, écuyer, seigneur du Poirier, Lespinay, conseiller au présidial du Mans, dont entre autres
enfants :

A. *René*, seigneur du Poirier, Saint-Gervais,
conseiller du roi en ses conseils d'Etat et privé,
avocat en la cour du parlement de Paris,
vivant encore en 1703 ;

B. *Jacques*, vivant en 1653 ;

C. *Charles*, seigneur de Lespinay, décédé le 7 décembre 1668 ;

4.º *Claude*, morte sans alliance le 26 mars 1630, à
dix-huit ans.

IX. *Charles* Richer de Monthéard, écuyer, baron de Neuville-sur-Sarthe, seigneur de Monthéard, les Châtaigners,
Saint-Jean-d'Assé, la Forêt-du-Bois, la Gemmerie, Montreuil-sur-Sarthe, conseiller du roi en ses conseils et son
premier président au présidial du Mans en 1631, baptisé en
l'église de la Couture du Mans le 1er octobre 1609 (parrain
et marraine, Charles de Beaumanoir, évêque du Mans, et
Marie Le Boindre), épousa par contrat passé devant Marin
Pingault, notaire royal au Mans, le 2 mars 1631, *Anne*
Marest, *alias* des Marest, fille aînée de Roland, écuyer,
seigneur de Boistesson, Vaux, président au présidial du
Mans, et de Marie Joubert de La Roche, sœur de Marie Marest, femme en 1641 de Jacques de Bautru, conseiller au
parlement de Rouen. Il fut inhumé dans l'église des Minimes

du Mans le 5 juin 1689, âgé de quatre-vingts ans, et avait eu quatre garçons de ce mariage :

> 1.º *Charles*, IIe du nom, baron de Neuville, seigneur de Monthéard, qui suit ;
>
> 2.º *Roland*, baptisé le 2 mai 1633, connu sous le nom de baron de Neuville, quoique ce fût son frère aîné qui possédât la baronnie de ce nom. Il est l'auteur de la branche de Neuville, fixée en Anjou, alliée aux Vignoles, Fossay, Montplacé, Gilles de La Bérardière, et éteinte à la troisième génération dans le Jeune de Créquy, puis la Bonninière de Beaumont;
>
> 3.º *Jacques*, abbé de Monthéard, baptisé le 1er mai 1634, chanoine prébendé en l'église cathédrale du Mans;
>
> 4.º *Charles-Nicolas* RICHER DE RODES, qui a fait la branche des Richer de Rodes de La Morelière, fixée à Paris et éteinte au dix-huitième siècle.

X. *Charles* RICHER DE MONTHÉARD, IIe du nom, écuyer, baron de Neuville, seigneur de Monthéard, Montreuil-sur-Sarthe, Saint-Jean-d'Assé, Châteaufort et autres lieux, nommé échevin de la ville du Mans en 1671, et administrateur de l'hôpital général de cette ville en 1673, baptisé le 26 décembre 1631, épousa par contrat d'Ambroise Bouvier, notaire royal au Mans, le 26 novembre 1665, *Renée* BOUTEILLER DE CHATEAUFORT, dame de Châteaufort en Aigné, fille de Julien, seigneur de Châteaufort, et de Françoise de Moloré, tante de Françoise-Marguerite Bouteiller de Châteaufort, femme en 1680 de François, comte de Maillé-Brézé. Il mourut le 17 mars 1689, et fut inhumé le lendemain dans l'église des Minimes du Mans, où reposait déjà son père. De son mariage étaient issus treize enfants, dont cinq morts en bas âge, et huit qui suivent :

> 1.º *Philbert-Emmanuel*, baron de Neuville, qui suit;
>
> 2.º *René*, chevalier de Monthéard, baptisé le 15 janvier 1671, seigneur du petit Monthéard en Sainte-Croix,

décédé en 1734 sans enfants de son union avec *Marie-Anne* CHOUET DE VILLENNES ;

3.° *Charles-Guillaume* RICHER DE COURTEILLES, baptisé le 2 juin 1674, qui laissa de *Louise* LE GENDRE DE THOMAZIN, sa femme, deux enfants, morts sans alliance ;

4.° *Jacques*, appelé M. de Montreuil, baptisé le 18 novembre 1678, mort sans alliance en 1703 ;

5.° *Philbert-Emmanuel*, II° du nom, baptisé le 17 janvier 1681, seigneur de la Bécanne, officier au régiment de Charost, décédé sans alliance à Sainte-Croix-lès-Mans, le 21 mars 1767, à quatre-vingt-six ans ;

6.° *Anne*, baptisée le 5 octobre 1666, alliée le 22 janvier 1703 à *Jacques-Thomas-Claude* MAUDET DU VERGER, chevalier, seigneur de Noyau, commissaire des guerres, sans enfants ;

7.° *Renée*, baptisée le 27 mai 1673, alliée en 1701 à *Benjamin* MORIN DE LA MASSERIE, écuyer, conseiller à l'élection du Mans, sans enfants ;

8.° *Marguerite*, baptisée le 30 juin 1675, alliée le 7 janvier 1698 à *Renault* LE GALLOIS DE LA BLINIÈRE, écuyer, seigneur de la Blinière en Courgenard, commissaire des guerres au département de Touraine, dont une fille morte jeune.

XI. *Philbert-Emmanuel* RICHER DE MONTHÉARD, Ier du nom, chevalier, baron de Neuville et de Monthéard, seigneur de Montreuil, l'Aubinière, Saint-Jean-d'Assé, Châteaufort. Saint-Marceau, Richefuye, conseiller du roi en ses conseils et son premier président au présidial du Mans en 1695, au lieu de son aïeul, né le 26 novembre 1669, fut tenu sur les fonts baptismaux de l'église de Notre-Dame de la Couture du Mans, le 6 janvier 1670, par Mgr Philbert-Emmanuel de Beaumanoir de Lavardin, évêque du Mans, et par dame Marguerite Renée de Rostaing, marquise douairière de Lavardin. Il épousa suivant contrat de Louis Le Breton, notaire royal en la ville de la Ferté-Bernard au Maine, le 23 avril 1703, *Marie-Etiennette-Louise-Renée* LE CAMUS, fille unique de Pierre, écuyer, seigneur de Richefuye, bailli, maire perpétuel, capitaine des chasses et maître des eaux et forêts de la Ferté-Bernard, et de Marie-Renée Jeudon de Villerocher, et apparentée aux Tibergeau, Vanssay, Boissard, Bailly de Saint-Mars, La Rivière, Fontenay, d'Amboise, Lombelon des Essars, Montmorency-Laval, Le Bigot de Gastines.

Le président de Monthéard fut inhumé le 11 mai 1716 dans l'église des Minimes du Mans. De son union avec Marie le Camus, étaient issus :

> 1.º *Philbert-Pierre*, né le 15 mars 1704, décédé le 6 février 1705 ;
>
> 2.º *Philbert-Charles*, né le 6 juillet 1705, baron de Monthéard, Neuville, seigneur de Montreuil, Saint-Jean-d'Assé, la Forêt du Bois, la Gemmerie, l'Aubinière, la Touche, Saint-Marceau, Châteaufort, Richefuye, nommé échevin du Mans en 1765, allié à Paris, le 22 juin 1748, à *Madeleine* LESCHASSIER DE MÉRY, fille d'Etienne-François, chevalier, vicomte de Méry-sur-Marne, enseigne au régiment des gardes françaises, et d'Anne-Marie-Charlotte de Méry. Il est mort au Mans le 7 pluviôse an II (26 janvier 1794), ayant eu de ce mariage :
>
>> *Marie-Madeleine-Etiennette*, dame de Monthéard, née le 6 août 1749, alliée le 27 février 1770 à *Denis-Jean-Baptiste* DE BASTARD, comte de Fontenay, plus tard lieutenant-colonel de dragons au régiment de Montmorency, chevalier de Saint-Louis, dont :
>>
>> *Marie-Jeanne-Alexandrine-Etiennette*, née en 1774, alliée en 1791 dans la chapelle du collége royal de la Flèche à *Marie-Géry-Fontaine* DE BIRÉ, chevalier, seigneur de Pescheray, Milon, capitaine de hussards au régiment de Bercheny,

Ic.   12

chevalier de Saint-Louis, père de *Marie-Cécilia-Denise* DE BIRÉ, alliée à *Renée-Alexandre-Anne* D'HARDOUIN, marquis de la Girouardière, morte à Paris sans enfants en 1867;

3.º *Emmanuel-Louis-Pierre* DE RICHER, chevalier de Monthéard, qui va continuer la filiation;

4.º *Marie-Anne-Jacquine*, née le 2 mars 1710, alliée le 9 juin 1739 à *Jacques* DU PONT D'AUBEVOYE, chevalier de la Roussière, seigneur de la Roussière, d'Aubevoye et la Moussenaudière en Anjou, capitaine de dragons au régiment de Lautrec, veuf de Marie le Jumeau de Blou, second fils de Charles, chevalier, seigneur de la Roussière et autres lieux, mousquetaire de la garde du roi, et de Renée de Baigneux de Courcival, dont une fille unique:

> *Marie - Anne - Renée - Jacquine*, née en 1741, alliée le 22 mars 1757 à *Henri-Louis* D'ESPAGNE, marquis de Venevelles, ancien page du duc d'Orléans, capitaine de grenadiers au régiment de Mailly, chevalier de Saint-Louis, plus tard lieutenant-colonel d'infanterie au régiment de Guyenne, père d'Henri-Jacques-Louis, marquis de Venevelles, premier page de la reine Marie-Antoinette en 1777, major du régiment de cavalerie de la reine, officier supérieur à l'armée de Condé, chevalier de Saint-Louis, qui a laissé postérité.

XII. *Emmanuel-Louis-Pierre* DE RICHER DE MONTHÉARD, IIIᵉ du nom, chevalier de Monthéard, seigneur de la Beausserie, les Logés, Sérigny au Maine et au Perche, lieutenant d'infanterie au régiment de Royal-Comtois, compagnie de Courtemanche, né le 18 avril 1708, épousa suivant contrat d'Etienne Piquet, notaire royal à Saint-Aubin des Coudrais, le 30 avril 1749, *Jeanne-Julienne* PEUVRET DU PERRIN, dame de la Beausserie, fille aînée de Pierre Bernard, écuyer, seigneur du Perrin, la Beausserie, Chantraine, les Loges, Sérigny, conseiller-secrétaire du roi en la chancellerie près la cour des aides de Montauban, garde du corps de la duchesse de Berry, et de Louise-Julienne de Lepinay, et arrière-petite-fille de Jean Duval de Thiville, lieutenant général de Bellême, et de Marguerite Rouillet de Beauchamps. Sa sœur cadette, Louise-Julie du Perrin, épousa, deux jours après elle, François-René de Lonlay, chevalier, seigneur de la Boissière, garde du corps de la garde du roi.

Le chevalier de Monthéard fut assisté à son contrat du baron de Monthéard, son oncle, et Mademoiselle du Perrin, de sa sœur et de Jean-François Le Vayer de Marsilly, baron de Survilliers, maître des requêtes, son cousin et parrain.

M. de Monthéard fut inhumé le 13 septembre 1764 dans l'église de Saint-Aubin des Coudrais, et laissa six enfants de son union avec Jeanne du Perrin :

> 1.° *Emmanuel-Jean-Philbert*, IVe du nom, qui va suivre;

> 2.° *Louis-François*, chevalier de Richer de Mont-héard, né le 5 juillet 1751, seigneur de la Bécanne, capitaine d'infanterie au régiment de Beaujolais, lieutenant des maréchaux de France au Mans en 1788, chevalier de l'ordre royal et militaire de Saint-Louis en 1796, officier supérieur à l'armée de Condé, allié : 1º en 1786, à *Catherine-Charlotte* PINCELOUP DE LA MOUSTIÈRE, fille de Jacques-François, écuyer, seigneur de Courgains, la Ragotterie en Yvré-l'Evê-que, secrétaire du roi, et de Marie-Charlotte Cureau de Roullée; 2º en 1820, à *Anne-Louise-Parent* DE LIGNIÈRES; fille de Jean-Charles, écuyer, directeur des aides à Pont-Audemer, avant la Révo-lution, et d'Henriette-Olympiade de Heaulme. Il est mort sans postérité de ces deux alliances à Sainte-Croix-lès-le-Mans, le 18 avril 1828, à soixante-dix-sept ans.

> 3.° *Pierre* DE RICHER DE LA BEAUSSERIE, dit M. de la Beausserie, né le 6 juin 1754, capitaine d'infanterie

au régiment du duc d'Angoulême, mort en émigration sans alliance.

4.º *Julienne-Philberte*, née le 9 décembre 1752,
alliée le 7 février 1780 à *Marie-René-Urbain-
François* DE GUILLEMAUX DE MONTBRAYS, écuyer,
seigneur de Montbrays en Parigné-l'Evêque, capitaine de grenadiers au régiment de la Reine, chevalier de Saint-Louis. Elle mourut sans enfants, à
Paris, le 7 avril 1821.

5.º *Marie*, appelée Mlle de la Beausserie, née le
8 mai 1756, alliée en la chapelle du château de
Beauchamps le 29 janvier 1782 à *Charles-Pierre*
DE ROBETHON, chevalier, seigneur de Béthonvilliers,
mousquetaire de la garde du roi, mort en 1816
lieutenant-colonel d'infanterie et chevalier de Saint-
Louis, veuf de Marie-Louise-Thérèse-Victoire le
Tellier, fils unique de Charles-Jacques, chevalier,
seigneur de Béthonvilliers, conseiller du roi en ses
conseils et correcteur ordinaire en sa chambre des
comptes à Paris, et d'Elisabeth-Louise Jullien de
Prunay. Elle mourut à Authon (Eure-et-Loir), le
11 décembre 1812, laissant de cette union une fille
unique :

Alexandrine-Charlotte-Marie DE ROBETHON, née
le 11 janvier 1783, alliée à Authon le 20 avril
1805 à *Jean-Joseph* DE LAFOREST, vicomte
d'Armaillé, fils d'Augustin Médard, chevalier,
seigneur de la Menantière en Anjou, et
d'Etiennette-Françoise-Anne Gourreau de la
Blanchardière. Elle est morte à la Menantière
(Maine-et-Loire), le 15 septembre 1864, laissant
de ce mariage trois enfants :

a. *Joseph-Charles-René*, vicomte d'ARMAILLÉ,
né en 1822, membre du conseil général de
Maine-et-Loire en 1866, mort en 1872
laissant postérité ;

  b. *Charlotte*, alliée en 1829 à Prosper,
marquis de Turpin-Crissé ;

  c. *Camille*, qui n'est pas mariée.

6.° *Jeanne*, appelée Mᴸˡᵉ de Sérigny, sœur jumelle
de la précédente, morte à Paris sans alliance en 1794.

XIII. *Emmanuel-Jean-Philbert* DE RICHER DE MONTHÉARD
DE BEAUCHAMPS, IVᵉ du nom, chevalier, baron de Monthéard
en 1794, seigneur de la Beausserie, les Loges, Beauchamps
(1779, par héritage et acquisition de la maison Rouillet de
Beauchamps dont il releva le nom), Centigny, la Roche,
seigneur patron de Villaines-la-Gosnais, lieutenant d'infanterie au régiment de Guyenne, puis de Viennois, maire de la
commune de Villaines-la-Gosnais de 1800 à 1823 ; né le
30 mai 1750 au château de la Beausserie, devenu en 1794
chef de sa maison par la mort de son oncle Philbert-Charles,
baron de Monthéard, et héritier du titre de ce dernier, avait
épousé par contrat passé devant René Boisbonnin, notaire
royal en la ville de la Ferté-Bernard, le 10 février 1777,
Marie-Claire-Louise COURTIN DE TORSAY, fille de François-
Pierre Godefroy, chevalier, seigneur de la Rivière et de la
Malpougère, brigadier des chevau-légers de la garde du roi
(ayant rang de mestre de camp de cavalerie), chevalier de
l'ordre royal et militaire de Saint-Louis, et de Rose-Renée-
Bénigne Denisot, sœur de Marie-Gabrielle de Torsay, épouse
de Pierre-François-Marie-Michel le Morhier, marquis de
Villiers.

M. de Beauchamps assista en 1789 à l'assemblée de la
noblesse du Maine pour l'élection de députés aux Etats
Généraux, et décéda au château de Beauchamps (Sarthe) le
21 octobre 1823, âgé de soixante-treize ans. Il avait eu de
son mariage :

  1.° *Emmanuel-André*, Vᵉ du nom, qui suit ;

  2.° *Philbert-Antoine*, né le 7 juin 1779, mort jeune.

XIV. *Emmanuel-André* DE RICHER DE MONTHÉARD DE
BEAUCHAMPS, V^e du nom, baron de Beauchamps, chevalier,
né au château de la Beausserie le 17 mars 1778 (registres de
la paroisse de Saint-Aubin-des-Coudrais), épousa le 9 prai-
rial an X (29 mai 1802), suivant contrat de Martigné, notaire
au Mans, *Blanche-Augustine* LE FÉRON, filleule du maréchal et de la maréchale de Mailly, fille unique de Louis-
Henri, chevalier le Féron, seigneur des Touches, Auvours,
la Roche-Thomas, capitaine de dragons au régiment du
Roi, et d'Henriette de Caillau d'Auvours, dame d'Auvours.

M. de Beauchamps eut l'honneur, avec les principaux
membres de la noblesse du Maine, de faire partie de la garde
d'honneur organisée pour faire le service auprès du duc
d'Angoulême, neveu du roi Louis XVIII, lors de sa première visite au Mans le 10 août 1814. Il fut maire de la
commune d'Yvré-l'Évêque de 1804 à 1830, et mourut à
Sainte-Croix le 18 novembre 1832. Sa veuve, Blanche le
Féron, se remaria à Paris, le 31 décembre 1834, au général
comte de Venevelles, dont elle n'eut pas d'enfants, et décéda
à Paris le 13 avril 1851, laissant de son premier mariage
avec M. de Beauchamps un garçon et une fille :

 1.º *Emmanuel-Hippolyte*, VIe du nom, qui suit ;

 2.º *Blanche-Henriette*, née le 3 floréal an XII
  (23 avril 1804), alliée au Mans, le 5 janvier 1824,
  à *Henri* DE CAILLAU, ancien chevau-léger de la garde
  du roi son cousin, fils de Jacques-Pierre-Henri,
  chevalier, seigneur d'Eporcé, Thomazin, Classé,
  Yvré-le-Polin, capitaine des chevau-légers de la
  garde du roi, chevalier de Saint-Louis, et de Susanne-
  Charlotte de Chourses, dont une fille :

  Blanche-Henriette, née le 20 novembre 1824 à
   Sainte-Croix, alliée à Chaumes (Seine-et-Marne),
   le 10 mai 1841, à *Guy-Charles-Henri*, comte
   D'ANDIGNÉ, ancien officier de cavalerie, membre
   du conseil général de la Sarthe depuis 1861,
   fils unique de Guillaume-Paul-Joseph, ancien
   officier d'artillerie, député de la Sarthe à la

Restauration, chevalier de Saint-Louis, et d'Aimée-Victoire de Robethon.

De ce mariage vinrent :

   a. *Guy-Georges-Henri*, vicomte D'ANDIGNÉ, né en 1845 ;

   b. *Blanche-Henriette-Marie*, née en 1848, alliée le 30 septembre 1868 à *Joseph-Ernest-Gaston*, comte DE PRUNELÉ, second fils d'Ernest-Henri, marquis de Prunelé, et d'Athénaïs-Louise-Gabrielle de Clermont-Mont-Saint-Jean sa première femme, dont trois enfants;

   c. *Yvonne-Adélaïde-Marie*, née en 1851.

XV. *Emmanuel-Hippolyte* DE RICHER DE MONTHÉARD DE BEAUCHAMPS, VIe du nom, baron de Beauchamps, né au Mans le 4 juillet 1806, épousa, par contrat passé devant Pierre-Dieudonné-Louis Mauboussin, notaire au Mans, le 4 avril 1833 et en l'église de Saint-Michel-de-Chavaignes (Sarthe), le 16 avril suivant, *Mathilde-Euphrosine-Françoise-Alexandrine* DE BEAUVAIS DE SAINT-PAUL (1), sa cousine, fille de Pierre-Alexandre-Désiré de Beauvais, vicomte de Saint-Paul, membre de plusieurs sociétés savantes, et d'Euphrosine-Gabrielle-Victorine de Lonlay (2), fille de François-Julien-René, chevalier, seigneur de Saint-Michel-de-Chavaignes, ancien officier dans la légion de la Lorraine, commandant en chef l'armée vendéenne de La Flèche, chevalier de Saint-Louis, et de Susanne-Françoise le Bret.

M. de Beauchamps décéda à Beauchamps le 13 juin 1852, laissant deux enfants de son mariage avec Mathilde de Saint-Paul, morte dès le 30 avril 1847 :

   1.° *Emmanuel-Alexandre-Augustin*, VIIe du nom, qui suit;

---

(1) Beauvais de Saint-Paul porte : *D'azur à trois fasces d'or.*

(2) Lonlay porte : *D'argent à trois tessons de sable, à la fleur de lis de gueules en cœur.*

    2.° *Marie - Mathilde - Charlotte - Euphrosine*, née le
14 février 1837, alliée par contrat de Dubin, notaire
au Mans, le 28 janvier 1856, à *Amédée-Félix-
Antoine* Perrot (de Pronleroy), cousin germain
du comte Perrot de Chazelle, fils de Frédéric-Jean-
Baptiste-Louis, chevalier Perrot, gentilhomme
ordinaire de la chambre des rois Louis XVIII et
Charles X, chevalier de l'ordre royal de la Légion
d'honneur, et de Pauline-Augustine de Blanchardon,
et petit-fils d'Angélique-Pierre Perrot de Courcelles,
président de la chambre des comptes de Paris, mort
sur l'échafaud révolutionnaire en 1794 à Paris.

    Elle est morte au château de Pronleroy (Oise),
le 11 octobre 1876, laissant une fille de ce mariage :

    Marthe-Marie-Pauline, née à Pronleroy le
8 août 1857.

    XVI. *Emmanuel-Alexandre-Augustin* de Richer de
Monthéard, VII° du nom, baron de Monthéard de Beauchamps, chef actuel de nom et armes de sa maison, né au
château de Beauchamps le 30 mai 1840, maire de la commune
de Villaines-la-Gosnais depuis 1870, a épousé à Villeblevin
(Yonne) le 16 février 1865 (contrat passé au château de
Villeblevin devant Brossard, notaire à Villeblevin, le
13 février précédent), *Noémi-Marie-Athénaïs* le Barrois de
Lemmery (1), seconde fille de Samuel, ancien magistrat démissionnaire de 1830, et de Laure-Flore-Louise-Rosalie le
Barrois d'Orgeval, sa seconde femme, petite-fille de Robert-
Adolphe le Barrois, baron d'Orgeval, gentilhomme ordinaire
de la chambre du roi Charles X, officier d'ordonnance du duc
d'Angoulême, lieutenant-colonel de cavalerie, chevalier de
la Légion d'honneur et de l'ordre d'Isabelle la Catholique, et
de Marie-Flore-Athénaïs le Barrois de Lemmery, fille elle-

---

    (1) Le Barrois de Lemmery et d'Orgeval porte : *D'argent au lion de
sable, armé et lampassé de gueules, au chef d'azur, chargé de trois
couronnes de laurier d'or, rangées en fasce.*

même de François-Prudence le Barrois de Lemmery, commandant de milices à la Guadeloupe, chevalier de Saint-Louis.

M. de Beauchamps avait l'intention, lorsqu'éclata la guerre de 1870, de se pourvoir auprès de la chancellerie de France pour la confirmation du titre de baron, porté par ses ancêtres depuis au moins 1585 jusqu'à la Révolution.

Son épouse, Noémi de Lemmery, est décédée le 27 novembre 1876. Le *Journal du Mans*, dans son numéro du 30 novembre, annonce sa mort en ces termes :

« Une douloureuse nouvelle nous arrive à l'instant. Un
« de nos meilleurs amis, M. le baron de Beauchamps, vient
« d'être bien cruellement éprouvé. Mme la baronne de
« Beauchamps, l'épouse dévouée de cet homme de bien, est
« allée recueillir dans l'autre monde la récompense éternelle
« de toutes les vertus dont elle a donné l'exemple ici-bas. La
« mort, en ravissant cette victime qu'elle semblait devoir
« respecter longtemps encore, jette la désolation dans l'âme
« de l'un des nôtres et le deuil dans plusieurs familles; mais
« puissent cette désolation et ce deuil être adoucis par la pen
« sée du sort si enviable réservé là-haut à celle qui, après
« s'être montrée ici-bas si chrétienne et si française, prie là-
« haut pour le bonheur des siens ! »

Le baron de Beauchamps a eu quatre filles de son union avec Noémi de Lemmery :

> 1.° *Marie-Mathilde-Noémi-Josèphe-Colette*, née au château de Beauchamps le 13 juillet 1869 ;
>
> 2.° *Jeanne-Philberte-Emmanuelle-Marie-Josèphe-Henriette-Colette*, née au château de Beauchamps le 14 juin 1871 ;
>
> 3.° *Mathilde-Marie-Henriette-Josèphe-Colette*, née au château de Beauchamps le 19 janvier 1873 ;
>
> 4.° *Noémi-Marie-Blanche-Josèphe*, née à Beauchamps le 2 décembre 1874.

ARMES DE LA MAISON DE RICHER DE MONTHÉARD DE BEAU-
CHAMPS : *D'or au chevron de gueules, chargé de trois
croisettes d'or, et accompagné de trois bleuets* (alias *trois
roses*) *d'azur, tigés et feuillés de sinople.*

COURONNE : *de comte.*

SUPPORTS : *Deux lévriers d'argent, la tête contournée,
colletés de gueules, le collier bordé et bouclé d'or.*

CIMIER : *Une croisette d'or.*

DEVISE : *Honos et fides.*

DE CHINOT DE FROMESSENT

VICOMTES DE FROMESSENT, COMTES D'HUST ET COMTES
DU SAINT-EMPIRE ROMAIN.

—

La généalogie de cette famille a été dressée dans le
tome XIX, page 359-364, du *Nobiliaire universel de
France,* par de Saint-Allais, et s'arrête au douzième degré,
à Frédéric de Chinot, vicomte de Fromessent. Nous la
continuons jusqu'à ce jour :

1.º *Frédéric,* qui suit ;

2.º *Edouard,* vicomte de Fromessent, chevalier de l'ordre de Saint-Jean de Jérusalem, officier au 5ᵉ cuirassiers, qui épousa le 17 juillet 1836 *Louise* LAMY,
dont deux filles ;

3.º *Théobald* DE CHINOT, vicomte de Fromessent, épousa
le 26 novembre 1838 *Charlotte* DU TERTRE, com-

tesse d'Hust et comtesse du Saint-Empire (1), fille
d'Emmanuel, vicomte du Tertre, comte d'Hust et
comte du Saint-Empire, ancien officier supérieur,
chevalier des ordres royaux et militaires de Saint-
Louis, de Saint-Jean de Jérusalem et de Guillaume
des Pays-Bas, et de Marie-Madeleine de Taffin de
Tilques (2) dont :

> A. *Charles*, né le 26 décembre 1839, comte
> d'Hust et comte du Saint-Empire, décédé sans
> alliance le 11 janvier 1871 ;
>
> B. *Gaëtan*, né le 30 juillet 1841, comte d'Hust
> et comte du Saint-Empire ;
>
> C. *Paul*, né le 26 juin 1846, comte d'Hust et
> comte du Saint-Empire, qui épousa le 22 fé-
> vrier 1876 *Etiennette* DE BROSSARD, fille de Louis-
> Philippe, comte de Brossard, et de la comtesse,
> née de Chamerolles ; d'où *Hélène*, née le 16 mars
> 1877 ;
>
> D. *Valentine*, comtesse d'Hust et comtesse du
> Saint-Empire.

XII. *Frédéric* de CHINOT, vicomte de Fromessent, officier
de la garde royale, marié le 28 avril 1835 à *Albine-Char-
lotte* DE BÉTHUNE, fille du comte Philippe de Béthune (des
princes de Béthune-Hesdigneul) et de Lucie de Lancry. De
ce mariage :

> 1.º *Gaston-Antoine* DE CHINOT, vicomte de Fromes-
> sent, né le 13 octobre 1837, officier de cuirassiers,
> marié le 7 juillet 1871 à *Amélie* DE VILLIERS DE LA
> NOUË, fille du vicomte et de la vicomtesse, née de La
> Baume-Pluvinel, dont :

---

(1) Titres transmissibles par les hommes et par les femmes (4 septembre 1605).

(2) Voir t. X, p. 432-433 du Nobiliaire universel de France.

Marguerite, née le 15 avril 1872 ;

2.º *Edgard*, né le 19 mars 1843.

Armes : *D'argent à trois molettes d'éperon de gueules.*

Supports : *Un lion à dextre et un griffon à senestre.*

Couronne : *De Comte.*

Cimier : *Une tête de licorne.*

Devise : *Laus Deo semper.*

TABLE

DES NOTICES GÉNÉALOGIQUES

CONTENUES DANS CE VOLUME

—

FIN DE LA TABLE

Paris. — Imprimerie Gauthier-Villars, 55, quai des Augustins.